Mañanas con Dios

Mañanas con Dios

Oraciones y devocionales para las mujeres

Título en inglés: *Mornings with God*

ISBN 979-8-89151-147-7

Desarrollo editorial: *Semantics, Inc.*, semantics01@comcast.net

Publicado por Barbour Español, un sello de Barbour Publishing, Inc. 1810 Barbour Drive, Uhrichsville, Ohio 44683

Nuestra misión es inspirar al mundo con el mensaje transformador de la Biblia.

Impreso en China.

Introducción

Como mujeres que procuramos vivir nuestra fe en un mundo ajetreado, debemos comenzar sencillamente cada día en la presencia de Dios. Él anhela darse a conocer a nosotras. *Mañanas con Dios* es una recopilación de oraciones, versículos y breves meditaciones diseñadas para ayudarte a comenzar cada mañana con el Señor. A medida que vayas leyendo las oraciones seleccionadas, anota tus propias oraciones en las secciones previstas para que tomes apuntes. Medita en los versículos. Dios te ama, y desea tener una comunión diaria contigo. Eres hija del Rey de reyes. Inicia cada mañana con tu Padre.

Levantándose muy de mañana,
siendo aún muy oscuro, salió y se fue
a un lugar desierto, y allí oraba.
Marcos 1:35

A la mañana vendrá la alegría

¡Buenos días, Dios! ¡Cuántas noches he llorado hasta dormirme, hasta recordar que tu Palabra promete que la alegría vendrá cuando me despierte! Mis problemas parecen insuperables en la oscuridad de la noche. Pero no lo son. Todo parece fresco por la mañana. Una vez más, me doy cuenta de que juntos podemos conseguirlo. ¡Gracias, Padre, por un nuevo día! Haz que pueda descubrir la alegría verdadera en él. Amén.

Cuando la preocupación te abrume en la oscuridad, confía en aquello que Dios te ha mostrado ser verdad en la luz. ¡Sus misericordias son nuevas cada día!

Por la noche durará el lloro,
y a la mañana vendrá la alegría.
SALMOS 30:5

El gozo del Señor

Señor, algunas mañanas me despierto preparada para empezar. Me siento descansada y con energía. Otras mañanas me pregunto cómo llegaré al final del día. Recuérdame que, como hija tuya, tengo una fuente de poder que siempre está disponible para mí. Es posible que no siempre me sienta alegre, pero el gozo del Señor es mi fortaleza. Te pido que renueves mis fuerzas al pasar tiempo en tu Palabra. En el nombre de Jesús, Amén.

Aquellas que leen y meditan en la Palabra del Señor conocen su corazón de una forma única. El gozo verdadero viene a través de la relación con el Padre.

El gozo del Señor es su fuerza.

NEHEMÍAS 8:10 NTV

Gozo verdadero

Gracias, Padre, por tu Palabra, que me enseña cómo experimentar el gozo verdadero. Este mundo me envía muchos mensajes a través de los medios y de aquellos que no te conocen. He probado algunas de las cosas que se supone que traen gozo, pero siempre me dejan vacía al final. Gracias por la verdad. Ayúdame a permanecer en ti, para que pueda rebosar de gozo. Amén.

¿Te has dado cuenta de que Jesucristo quiere que estés *llena* de gozo? ¿Incluso que *reboses* de gozo? Lee Juan 15, que enseña cómo estar llena de gozo.

Estas cosas os he hablado,
para que mi gozo esté en vosotros,
y vuestro gozo sea cumplido.
JUAN 15:11

Gozosos en la esperanza

Dios, cuanto más vivo, más cuenta me doy de que el gozo y la esperanza van de la mano. Tengo gozo porque mi esperanza está en ti. Gracias, Señor, porque como hija tuya no me enfrento al día sin esperanza. Independientemente de lo que ocurra, puedo hallar el gozo, porque mi esperanza no está en este mundo ni en mis circunstancias. Mi esperanza está en el Señor. Amén.

Aquellas que confían en el nombre del Señor son apartadas. Hay un gozo en el rostro de una creyente que no resplandece en la cara de quienes no tienen esperanza.

Bienaventurado aquel cuyo ayudador
es el Dios de Jacob, cuya esperanza
está en Jehová su Dios.
Salmos 146:5

Gozo en el nombre del Señor

Padre, esta mañana me reúno aquí contigo, solo por unos momentos, antes de que el ajetreo del día se apodere de mí. Confío en ti. No siempre es fácil confiar, pero tú has demostrado ser digno de confianza en mi vida. Me produce gozo saber que tú eres mi defensor. Vas delante de mí en este día a la batalla. Elijo el gozo hoy, porque amo el nombre del Señor Todopoderoso. Amén.

Cuánto gozo hay en esto: Si eres hija del Dios Soberano, nunca tendrás que preguntarte si Él va a estar ahí para ti. Él es digno de confianza.

Pero alégrense todos los que en ti confían;
den voces de júbilo para siempre,
porque tú los defiendes; en ti se regocijen
los que aman tu nombre.

Salmos 5:11

Gozo independientemente de las circunstancias

Señor, hay días en los que no puedo dejar de regocijarme en lo que estás haciendo. Sin embargo, muchas veces el desgaste diario resulta bastante monótono. No hay nada por lo que regocijarme, ¡y mucho menos por lo que dar gracias! ¿O sí lo hay? Padre, ayúdame a estar gozosa y agradecida todos los días. Cada día es un regalo tuyo. Recuérdame hoy esta verdad, y te ruego que me des un corazón gozoso y agradecido. Amén.

¿Conoces a alguien que siempre tiene una sonrisa en la cara? Esa persona ha hecho una elección: estar gozosa independientemente de las circunstancias. *Elige* adoptar una actitud gozosa y agradecida.

Estad siempre gozosos. Orad sin cesar. Dad gracias en todo, porque esta es la voluntad de Dios para con vosotros en Cristo Jesús.

1 Tesalonicenses 5:16-18

Cántico de Gozo

Padre celestial, esta mañana vengo a ti con un cántico en mis labios y gozo en mi corazón. Te agradezco todo lo que estás haciendo en mi vida. Estás obrando cuando siento tu presencia, y hasta cuando no la percibo. Te alabo por ser Dios. Me regocijo porque soy tu hija. Amén.

La Biblia habla acerca de regocijarse con cánticos, de alabar a Dios a través de la música, e incluso bailar ante el Señor. ¿Cómo alabarás hoy a tu Padre celestial a través de la música?

El Señor es mi fuerza y mi escudo;
en Él confía mi corazón, y soy socorrido;
por tanto, mi corazón se regocija,
y le daré gracias con mi cántico.

Salmos 28:7 LBLA

No más tristeza

Jesús, tus discípulos estaban afligidos. Les comunicaste que te ibas, pero que los volverías a ver. Aquellos hombres habían caminado y hablado contigo. Tú eras su líder, su amigo. Qué perdidos debieron de haberse sentido en tu crucifixión. Sin embargo, tres días después... ¡Uau! Señor, tú cambiaste el lamento en regocijo. Ayúdame a confiar en esto. Gracias, Jesús. Amén.

Es posible que tu corazón esté hoy apesadumbrado por la pérdida o la nostalgia. Un día no habrá más tristeza, ¡solo gozo! Reclama esta promesa de la Palabra de Dios.

También vosotros ahora tenéis tristeza; pero os volveré a ver, y se gozará vuestro corazón, y nadie os quitará vuestro gozo.

Juan 16:22

Gozo en la Palabra de Dios

Dios, gracias porque en tus Sagradas Escrituras hallo los caminos de la vida. Encuentro sabio consejo en las páginas de mi Biblia. Me revelas la verdad, Señor, y no hay mayor bendición que conocer la verdad. Me indicas en tu Palabra que la verdad me hará libre. Soy libre para vivir una vida que te brinde gloria y honor a ti. ¡Haz que otros puedan ver el gozo que yo he encontrado en ti! Amén.

Es posible que Dios no escriba en el cielo las respuestas a tus preguntas, pero están escritas en las páginas de su Palabra eterna y llena de verdad.

Me hiciste conocer los caminos de la vida;
me llenarás de gozo en tu presencia.
Hechos 2:28

Glorificar a Dios en mi trabajo

Dios, permite que mi actitud te glorifique hoy, mientras trabajo en mi hogar y fuera de él. No soy de este mundo, pero estoy en él, y a menudo tiene demasiada influencia sobre mí. Padre, haz que sea capaz de pensar dos veces antes de quejarme por las tareas que tengo por delante en este día. Elegiré trabajar como si fuera para mi Padre, y que mi rostro refleje tu amor a aquellos que me rodean. Amén.

Dios ordenó que la humanidad debía trabajar y después descansar. Fue el modelo que Él mismo dejó para nosotros cuando creó el mundo. Trabaja... porque Dios nos llama a hacerlo.

Y todo lo que hagáis, hacedlo de corazón,
como para el Señor y no para los hombres;
sabiendo que del Señor recibiréis la recompensa
de la herencia, porque a Cristo el Señor servís.

Colosenses 3:23-24

Servirse los unos a los otros

Dios, no he sido puesta en este mundo para servirme a mí misma. No todo gira en torno a mí. ¡A veces me olvido de esto! La vida consiste en servir, ¿no es así? Padre, dame oportunidades hoy para mostrar amor a los demás. Haz de cada momento un "momento de Dios". Ayúdame a estar alerta a las muchas necesidades que hay alrededor de mí. Crea en mí un corazón que ame a los demás, y que los sitúe por encima de mí. Amén.

Considera tu motivo para servir. ¿Estás sirviendo a los demás porque quieres destacar por tu amabilidad? ¿O estás sirviendo a los demás por amor y verdadera compasión?

Porque vosotros, hermanos, a libertad fuisteis llamados; solamente que no uséis la libertad como ocasión para la carne, sino servíos por amor los unos a los otros. Porque toda la ley en esta sola palabra se cumple: Amarás a tu prójimo como a ti mismo.

Gálatas 5:13-14

Oportunidades de servir

Padre, con este nuevo día dame unos ojos nuevos. Muéstrame al hambriento, al solitario, al cansado. Muéstrame a aquellos que tienen necesidad de recibir aliento, a los que precisan una amiga, a los que necesitan ver a Jesús en mí. No quiero perder las oportunidades que me das de ser una bendición para los demás. Sé que cuando sirvo a los demás, el corazón de mi Creador es bendecido. Te pido que me hagas estar alerta a las necesidades de los demás. Amén.

Ofrece hoy una sonrisa o un abrazo. Regala tu tiempo, tus talentos o tus recursos. Te será devuelto multiplicado por diez en la bendición que recibes al servir a los demás.

Y respondiendo el Rey, les dirá: De cierto os digo que en cuanto lo hicisteis a uno de estos mis hermanos más pequeños, a mí lo hicisteis.

MATEO 25:40

Poner a Dios primero

Padre, echar un vistazo al extracto de mi cuenta me hace estremecer. ¿A dónde va a parar mi dinero? ¿Estoy demasiado preocupada con lo que el mundo indica que debo poseer para ser guay, para encajar, para parecer exitosa? Tu Palabra afirma que no puedo servir a la riqueza material y a ti. Yo te elijo a ti, Señor. Sé el dueño de mi vida y de mi talonario. Necesito tu ayuda en este aspecto. Amén.

Dios sabe que este mundo te envía muchos mensajes. Entiende la tentación. Clama a Él y pídele que te ayude a tomar sabias decisiones financieras. Ponlo a Él primero, y Él proveerá todo lo que necesitas.

Ninguno puede servir a dos señores;
porque o aborrecerá al uno y amará al otro,
o estimará al uno y menospreciará al otro.
No podéis servir a Dios y a las riquezas.
MATEO 6:24

Mostrar misericordia

Jesús, haz que yo también pueda mostrar misericordia como el Buen Samaritano de Tu parábola. Es posible que algunos nunca entren por las puertas de una iglesia, ¡pero qué diferencia podría hacer un acto de misericordia! Pon ante mí oportunidades de demostrar el favor inmerecido. Después de todo, eso es lo que tú has mostrado conmigo. Moriste por mis pecados. Yo no podría haber ganado nunca la salvación. Es un regalo gratuito, un acto de misericordia. Hazme misericordiosa. Amén.

Otros dos hombres vieron al tipo que había caído en manos de los ladrones. ¿Pasarás de largo, como hicieron ellos, cuando veas a alguien en necesidad? ¿O mostrarás misericordia como el Buen Samaritano?

¿Quién, pues, de estos tres te parece que fue el prójimo del que cayó en manos de los ladrones? Él dijo: El que usó de misericordia con él. Entonces Jesús le dijo: Ve, y haz tú lo mismo.

LUCAS 10:36-37

¿Qué haría Jesús?

Padre celestial, a veces soy una cristiana de domingo. ¡Cuánto deseo adorarte el resto de mi semana! Te ruego que me ayudes a ser consciente de ti a lo largo de la semana. Haz que tu voluntad y tus caminos impregnen mis pensamientos y mis decisiones. Que pueda glorificarte en todo lo que diga o haga, ya sea mientras estoy ocupada en las tareas del hogar o cuando trabajo con los demás en mi lugar de trabajo. Amén.

Recuerda al Señor mientras abordas tus actividades diarias. Hazlo todo teniéndolo a Él en mente. QHJ: ¿Qué haría Jesús?

Si, pues, coméis o bebéis, o hacéis otra cosa, hacedlo todo para la gloria de Dios.

1 Corintios 10:31

Úsame, Señor

Salvador, sacrificaste tu vida por mí. Moriste de una forma horrible en una cruz. Fue una muerte por crucifixión, reservada para los peores criminales. Y no habías hecho nada malo. ¡Viniste al mundo para salvarnos! Entregaste tu vida por nosotros. Jesús, toma mi vida. Úsame para la obra de tu reino. Solo perdiendo mi vida por ti la salvaré. Amén.

Jesús fue un Rey siervo. El mundo buscaba grandeza, pero lo hallaron a Él a lomos de un asno, y dedicado a ministrarle a la escoria de la sociedad. Sirve como lo hizo Jesús.

Porque todo el que quiera salvar su vida, la perderá; y todo el que pierda su vida por causa de mí y del evangelio, la salvará.
MARCOS 8:35

Un corazón que da

Padre, ¿puedo ser sincera contigo? A veces no tengo ganas de servir. Me siguen preguntando si podré ayudar con esto o con aquello en la iglesia. Y siempre se está recogiendo alguna ofrenda. ¿No puedo centrarme solo en mí? ¡Tengo mis propias necesidades! Pero, ¡cuánta paz siento al reposar mi cabeza en la almohada por la noche, sabiendo que he amado con mis acciones y con sacrificio! Te pido que hagas de mí una dadora. Amén.

La gente más rica de este mundo es la que lo da todo. Existe un gozo en la generosidad al que el tacaño renuncia con cada moneda que ahorra.

Recordar las palabras del Señor Jesús, que dijo: Más bienaventurado es dar que recibir.
HECHOS 20:35

Glorificar a Dios

Padre, tiendo a buscar la gloria para mí misma. Es la naturaleza humana, lo sé, pero quiero ser diferente. Soy tu hija. Permíteme brillar, y haz que cuando los demás me pregunten: "¿Por qué sonríes de ese modo?" o "¿Por qué haces buenas obras?", yo pueda dirigirlos a ti. Tú eres la fuente de todo lo bueno que hay en mí. Tú me has dado cada aptitud que tengo. Haz que pueda reflejar tu amor a través de mis buenas obras. Amén.

Dirige siempre a los demás hacia tu Padre celestial cuando se fijen en ti. No hay nada bueno en ti sin Él.

Así alumbre vuestra luz delante de los hombres, para que vean vuestras buenas obras, y glorifiquen a vuestro Padre que está en los cielos.
Mateo 5:16

Honrar a mis padres

Padre celestial, muéstrame cómo honrar a mis padres. Aunque ya haya crecido y me haya convertido en una mujer, tus mandamientos permanecen. Dame paciencia con mis padres. Recuérdame que con la edad viene la sabiduría. Ayúdame a buscar su consejo cuando sea adecuado. Dios, en tu soberanía me diste esta madre y este padre. Haz que pueda honrarte cuando los honro a ellos. Amén.

Honrar a tus padres parece diferente a los cuatro, a los catorce y a los cuarenta años, pero es un deber y un privilegio para toda la vida. Dios se complace cuando honras a aquellos que han desempañado el papel de padres en tu vida.

Honra a tu padre y a tu madre, como el Señor tu Dios te lo ha ordenado, para que disfrutes de una larga vida y te vaya bien en la tierra que te da el Señor tu Dios.

Deuteronomio 5:16 NVI

Servir a Dios es una elección

Padre, es una elección diaria. ¿Serviré al mundo? ¿A mí misma? ¿O a mi Dios? ¿Qué modelo seré en la vida para mis hijos que buscan en mí una referencia? ¿Me conocerán mi familia y mis amigos como alguien que se sirve a sí misma o como alguien que está enfocada en el reino? Hoy tomo la decisión de escoger servir al Señor. Ayúdame a vivir de verdad como sierva tuya en este mundo. Amén.

Como mujer, las elecciones que haces afectan con frecuencia a toda tu familia. Elige servir al Señor para que puedas tener una influencia divina en ella y no mundana.

Pero yo y mi casa serviremos al Señor.

Josué 24:15 LBLA

Evitar la holgazanería

Señor, sé que quieres que cuide de mi casa. A veces me siento muy tentada a posponer mis deberes en el hogar, y me veo pasando demasiado tiempo frente a la computadora o al teléfono. Ayúdame a ser equilibrada. Ayúdame a cuidar de mi casa y a ser consciente de la trampa de la holgazanería. Sé que posponer las cosas no es un hábito bueno ni piadoso. Amén.

Sin lugar a duda toda mujer necesita algo de tiempo libre y de relajación, pero no confundas esto con la holgazanería. La pereza es una herramienta del diablo.

Considera los caminos de su casa,
y no come el pan de balde.
PROVERBIOS 31:27

Toda buena dádiva

Padre, gracias por las bendiciones que has derramado sobre mi familia. A menudo pienso obsesivamente en aquello que no tengo. Te ruego que me recuerdes ser siempre más agradecida por tantos regalos. Las comodidades de las que disfruto cada día, como el agua corriente o la electricidad, se dan por sentadas con tan facilidad. Gracias por tu provisión en nuestras vidas. Ayúdame a tener un corazón agradecido para que mi familia también pueda ser más agradecida. Amén.

A veces, confeccionar una lista de todas las cosas por las que te sientes agradecida es un buen modo de contar tus bendiciones. ¿Cómo ha bendecido Dios a tu familia?

Y los levitas y los extranjeros celebrarán contigo todo lo bueno que el Señor tu Dios te ha dado a ti y a tu familia.

Deuteronomio 26:11 NVI

Un hogar centrado en Dios

Padre, muchos hogares son sacudidos en estos días. Tantas familias se rompen en pedazos a mi alrededor. Te pido que protejas mi hogar. Protege a aquellos a los que amo. Sé el fundamento fuerte y sólido, consistente y sabio de mi casa. Haz que cada decisión que aquí se tome refleje tus principios. Que quienes visiten este hogar y se encuentren con esta familia sean plenamente conscientes de nuestra unicidad, porque servimos al único Dios verdadero y todopoderoso. Amén.

Si Dios es el centro de nuestro hogar, en él habrá mucha oración, y Él será tenido en cuenta en todas las decisiones de tu familia.

Si el Señor no edifica la casa, en vano trabajan los que la edifican, si el Señor no guarda la ciudad, en vano vela la guardia.

Salmos 127:1 LBLA

Un ejemplo piadoso

Dios, ayúdame a ser un ejemplo de discípula fiel de Cristo para mi familia y mis amigos. Aquellos que están cerca en nuestras vidas tienen la capacidad de dirigirnos hacia la justicia y la devoción, o de alejarnos de ellas. Te pido que todo cuanto diga y haga te honre, y que yo no sea nunca una piedra de tropiezo para los demás. Haz que todo lo que todos los que se encuentran dentro de mi ámbito de influencia me encuentren fiel a ti. Amén.

Sencillamente por tu posición y por la función que desarrollas tienes influencia. Úsalo con sabiduría. Sé una buena influencia para quienes observan tu vida.

El justo sirve de guía a su prójimo; mas el camino de los impíos les hace errar.
PROVERBIOS 12:26

El valor de la comunión

Padre celestial, te pido que no me permitas aislarme. Necesito tener comunión con otras creyentes. Me beneficio al pasar tiempo con mis amigas cristianas. Tú nos dices en tu Palabra que no es bueno estar sola. Nos necesitamos unos a otros mientras caminamos por esta vida con todos sus altibajos. Vuelve a guiarme a la comunión cristiana cuando sienta la tentación de distanciarme de los demás. Amén.

¿Necesitas una amiga cristiana? Toma las medidas oportunas para encontrar una. Unirte a un grupo de estudio bíblico de tu iglesia local es un buen modo de conocer a otra mujer que esté buscando a Dios.

Mejores son dos que uno; porque tienen mejor paga de su trabajo. Porque si cayeren, el uno levantará a su compañero; pero ¡ay del solo! que cuando cayere, no habrá segundo que lo levante.

Eclesiastés 4:9-10

Hierro con hierro se aguza

Señor, me resulta difícil hablar con mis amigas de aquellos ámbitos de sus vidas en los que no te están honrando. Y también es verdad que yo no siempre aprecio sus correcciones en mi vida. Padre, permite que exista esa dulce y piadosa comunión entre mis hermanas cristianas y yo, para que cuando la verdad se deba hablar en amor, seamos capaces de llegar las unas a la vida de las otras. Nos necesitamos unas a otras. El hierro con hierro se aguza. Amén.

Si te sientes guiada a mostrarle la verdad en amor a tu amiga, escoge el momento con sabiduría. Ora antes. Asegúrate de que es Dios quien te guía y no tu propio orgullo ni tus opiniones.

Hierro con hierro se aguza; y así el hombre aguza el rostro de su amigo.
PROVERBIOS 27:17

Resistirse al impulso de chismorrear

Padre, los hombres no parecen luchar contra el cotilleo como lo hacemos las mujeres. ¡Un chisme jugoso puede resultar tan tentador! Necesito tu ayuda, Señor, para resistir a la tentación de chismorrear. Tu Palabra me advierte de los peligros del cotilleo y de la difamación. Fortaléceme para no ser una alborotadora, sino pacificadora. Ayúdame a resistir el impulso de prestar oído o de contar cotilleos. Amén.

Dios considera que el cotilleo es un cotilleo aun cuando se oculte en frases como "Probablemente no debería decir esto" y "Dios la bendiga".

El hombre perverso levanta contienda,
y el chismoso aparta a los mejores amigos.
PROVERBIOS 16:28

Escudo de fe

Dios, protege mi corazón y mi mente con el escudo de la fe. Clamaré el nombre de Jesús cuando Satanás me tiente. Lucharé contra sus artimañas para destruirme. Mi arma es mi conocimiento de tu Palabra, las promesas que he memorizado y valorado. Mi defensa es mi fe en Jesucristo, mi Salvador. Permaneceré en esta fe. Te pido que aumentes mi fe y que me protejas del maligno. Amén.

Satanás está vivo y activo, pero no puede derrotar a aquellos cuya fe en Cristo es sólida y segura. Contra esto se encuentra impotente.

Sobre todo, tomad el escudo de la fe, con que podáis apagar todos los dardos de fuego del maligno.
Efesios 6:16

Confía en el Señor

Padre, me apoyo en mi propio entendimiento, ¿verdad? Ayúdame a confiar en que tú sabes lo que es mejor. A menudo hago planes e intento averiguar cosas cuando debería ponerlo todo ante ti en oración. Ahora que estoy sentada tranquilamente en tu presencia, recuerdo las veces en las que has estado ahí para mí en el pasado. Dame fe para el futuro, sabiendo que está en las manos de mi Padre. Amén.

Nunca te arrepentirás de poner a Dios primero. Apóyate en su bondad. Él quiere bendecirte con buenos regalos. Es tu Padre amoroso.

Confía en el Señor con todo tu corazón, y no te apoyes en tu propio entendimiento. Reconócele en todos tus caminos, y Él enderezará tus sendas.

PROVERBIOS 3:5-6 LBLA

Cosas que no se ven

Jesús, es fácil creer en lo que puedo ver. Desearía poder alcanzarte y tocarte. Dame fe en lo no puedo ver mientras medito en tu Palabra. Dame fe en que todas tus promesas son verdad, y en que un día volverás en las nubes para llevarme a casa. Amén.

Espera a Jesús como el niño espera la Navidad. Espera su segunda venida con expectación, con fe en lo que no has visto.

Es, pues, la fe la certeza de lo que se espera,
la convicción de lo que no se ve.
HEBREOS 11:1

Dios es fiel

Dios, me enfoco mucho en mi fe en ti. Y, a continuación, tú me muestras que no todo gira en torno a mí. Tú eres fiel a mí. Me muestras cómo ser fiel. Nunca te vas. Nunca desistes de mí. Nunca te apartas. Siempre apareces. Siempre crees en mí. Eres fiel por naturaleza. No puedes ser infiel. Gracias por tu fidelidad en mi vida. Amén.

Dios es fiel. Punto. El hombre te puede decepcionar; sin embargo, puedes contar incondicionalmente con la fidelidad de tu santo y amoroso Dios.

Pero fiel es el Señor,
que os afirmará y guardará del mal.
2 Tesalonicenses 3:3

Aumenta mi fe

Señor, mi fe es pequeña. ¡Gracias por la promesa en tu Palabra de que puedes obrar incluso con una fe del tamaño de un grano de mostaza! Pongo mi falta de fe ante ti, y te pido que hagas crecer y extiendas mi confianza en ti. Quiero que mi fe sea grande. Te ruego que la aumentes, a medida que medito en tu amor por mí, en que eres soberano y en que te ocuparás de todas mis necesidades. Amén.

Existen muchas cosas que el hombre no puede conseguir, pero para Dios no hay nada imposible. Por esta razón, necesitamos tener fe.

Jesús les dijo: "Por vuestra poca fe; porque de cierto os digo, que si tuviereis fe como un grano de mostaza, diréis a este monte: Pásate de aquí allá, y se pasará; y nada os será imposible".
MATEO 17:20

Salvos por gracia, por medio de la fe

Dios, ¡me resulta tan consolador saber que mi posición ante ti es segura! Gracias por verme a través de unas lentes nuevas. Cuando me miras ves a tu Hijo en mí, porque yo he sido salva por medio de la fe. Ya no ves pecado en mí, sino justicia. Yo no podría haberlo logrado por mucho que me hubiera esforzado. Gracias por el regalo de la salvación por medio de mi fe en Jesús. Amén.

Una vez que se transforma en mariposa, la oruga ya no puede volver a ser una oruga. La posición de una cristiana delante de Dios es segura mediante la profesión de fe en Cristo.

Porque por gracia sois salvos por medio de la fe; y esto no de vosotros, pues es don de Dios; no por obras, para que nadie se gloríe.

Efesios 2:8-9

La fe le agrada a Dios

Padre, leo sobre Enoc, Noé, Abraham y José. Conozco las historias de Sara y Rahab. La Biblia está llena de hombres y mujeres de fe. Aquellos que te agradaron no fueron los más ricos, los más hermosos ni aquellos cuyos nombres eran más importantes. Lo que te agrada, Padre mío, es la fe. Sin ella, no puedo complacerte. Elijo vivir por fe, como vivieron mis antepasados espirituales. Te ruego que fortalezcas mi fe. Amén.

Saber que sin fe no se puede agradar a Dios nos inspira para alimentar nuestra fe y esforzarnos en ella. No es algo que uno coloque en una estantería y se olvide de ello. Debe estar activa y viva.

Pero sin fe es imposible agradar a Dios; porque es necesario que el que se acerca a Dios crea que le hay, y que es galardonador de los que le buscan.
Hebreos 11:6

¿Qué es mi "Isaac"?

Padre celestial, me asombra la fe de Abraham. Ofreció a su hijo, Isaac, aquel a quien había esperado y esperado, el prometido. Cuando pusiste su fe a prueba, él respondió de inmediato. Se levantó temprano por la mañana, y actuó según tu mandato. ¿Habría tenido yo la fe que Abraham poseía en ti? ¿Confiaría en ti, incluso en mi peor pesadilla? Eso espero. ¡Oh, cuánto lo espero! Amén.

¿Qué es el Isaac de tu vida? ¿Qué sería aquello a lo que más te costaría renunciar si Dios te lo pidiese? ¿Tu trabajo, quizás? ¿Tal vez una relación? Considera hoy qué es tu Isaac.

Por la fe Abraham, cuando fue probado, ofreció a Isaac; y el que había recibido las promesas ofrecía su unigénito, habiéndosele dicho: "En Isaac te será llamada descendencia"; pensando que Dios es poderoso para levantar aun de entre los muertos, de donde, en sentido figurado, también le volvió a recibir.

HEBREOS 11:17-19

Orar para pedir una fe valiente

Jesús, deseo una fe audaz. Como la de aquella mujer que te siguió, que clamó y que te rogó que expulsaras un demonio de su hija. No era judía, era gentil; sin embargo, te llamó "Hijo de David". Te reconoció como el Mesías. Y tú te detuviste. Su fe te impresionó. Sanaste a la muchacha. Haz que yo pueda ser tan atrevida como ella. Que pueda reconocer que tú eres la única solución a todo problema. Amén.

No tengas miedo de estar ante el trono de Dios con confianza. Eres su hija, eres salva por la sangre de su Hijo. ¡Ten una fe valiente!

Entonces respondiendo Jesús, dijo: "Oh mujer, grande es tu fe; hágase contigo como quieres". Y su hija fue sanada desde aquella hora.

Mateo 15:28

Poner a prueba mi fe

Padre, tu Palabra me dice que has comenzado una buena obra en mí, que serás fiel y que la completarás. Ayúdame a resistir la tentación del pecado. Sé que es un proceso, y que nadie es perfecto, pero deseo crecer en mi fe. Quiero ser una fiel hija del Rey. Bendice mis esfuerzos, Padre, y fortaléceme como solo tú puedes hacerlo. Amén.

Cuando llegan las pruebas, ¿las tienes por sumo gozo? Ese es un mandamiento difícil. El Señor sabe que tu fe no será completa ni perfecta sin las pruebas. Permanece firme.

Hermanos míos, tened por sumo gozo cuando os halléis en diversas pruebas, sabiendo que la prueba de vuestra fe produce paciencia. Mas tenga la paciencia su obra completa, para que seáis perfectos y cabales, sin que os falte cosa alguna.

SANTIAGO 1:2-4

Caminar por fe

Dios, un día mi fe se convertirá en vista. Estoy llamada a caminar por fe en esta vida. En la próxima veré aquello en lo que he creído durante todos estos años. La tierra es por fe, y el cielo por vista. Continúa alimentando una fe profunda en mí que me haga tomar cada paso de este viaje teniéndote a ti como enfoque. Camino por fe, no por vista. Amén.

Este cuerpo terrenal será transformado en un instante. Todo cambiará. Los mayores momentos de una fe cumbre en esta vida palidecerán en comparación con un solo momento de vista en el cielo.

Porque por fe andamos, no por vista.
2 Corintios 5:7

Descansar en el día de reposo

Padre, nos creaste como seres que trabajan y necesitan descansar. A veces me olvido de ello. Me quedo tan atrapada en todo aquello que debo realizar. Baja mi ritmo, Señor. Ayúdame a honrarte mediante el descanso un día a la semana. Ayúdame a santificar el día de reposo. Gracias por diseñar la semana, y por señalarle a tu pueblo que descanse. Depende de mí seguir Tu mandamiento. Amén.

¿Santificas el día de reposo? ¿Haces negocios? ¿Te pasas por la oficina? ¿Te enfrentas a todo ese montón de ropa sucia? ¿O apartas todo el día para honrar a Dios y descansar?

Acuérdate del día de reposo para santificarlo. Seis días trabajarás y harás toda tu obra, mas el séptimo día es día de reposo para el Señor tu Dios; no harás en él obra alguna, tú, ni tu hijo, ni tu hija, ni tu siervo, ni tu sierva, ni tu ganado, ni el extranjero que está contigo.

Éxodo 20:8-10 LBLA

Descansa en el Señor

Padre celestial, lleva mis preocupaciones y mis cargas. Someto a ti mis angustias. Lléname con el descanso que apacigua mi espíritu cuando confío en ti. A veces observo las vidas de los demás y las comparo con la mía. ¿Por qué tienen ellos aquello que yo deseo? ¡Sobre todo, cuando sé que no son cristianos! Pero tú me dices que no me preocupe por la prosperidad de los demás. Elijo descansar en ti. Amén.

Déjale el juicio al Señor. Él conoce los corazones de los hombres y de las mujeres. Escoge descansar en Jesús y presentarle a Él todas tus peticiones. Él se ocupará de todo.

Confía callado en el Señor y espérale con paciencia;
no te irrites a causa del que prospera en su camino,
por el hombre que lleva a cabo sus intrigas.

Salmos 37:7

Invitación a descansar

Jesús, tú les dijiste a tus discípulos que descansaran. Les mandaste que abandonaran la multitud, que se relajaran y que comieran. Viste que habían estado ocupados ministrando y que necesitaban recuperarse. Si les indicaste que descansaran incluso a aquellos doce que trabajaban a tu lado cada día, debes de querer que yo también descanse. Recuérdame tomar descansos del ministerio. ¡Necesitaba oír que me das permiso para descansar! Amén.

El legalismo indica que te inscribas para este, aquel y el otro ministerio. Te llama a trabajar más allá de lo que Jesús desea. Escucha al Señor. Él te invita a descansar.

Él les dijo: "Venid vosotros aparte a un lugar desierto, y descansad un poco". Porque eran muchos los que iban y venían, de manera que ni aun tenían tiempo para comer.

Marcos 6:31

Estar quieta ante el Señor

Padre, mientras estoy quieta ante ti esta mañana, me enfoco en quién eres. Eres soberano, omnisciente, y tienes planes para que prospere, no para perjudicarme. Eres el Príncipe de Paz, mi proveedor, mi protector y mi amigo. Eres santo y, aun así, te acercas a mí cuando yo me aproximo a ti. Eres el Dios verdadero. Y te adoro en la quietud de esta mañana. Amén.

Existe una razón por la cual el versículo nos insta a *estar quietas.* Nuestra mente y nuestro cuerpo necesitan estar quietos ante Él para que podamos concentrarnos en quién Dios es.

Estad quietos, y conoced que yo soy Dios;
seré exaltado entre las naciones;
enaltecido seré en la tierra.
SALMOS 46:10

Calmar las tormentas

Señor, a veces calmas las tormentas, y otras veces llevas en brazos a tus hijos a través de ellas. En mi corazón existe una intensa tormenta. Te pido que acabes con ella, pero deseo tu voluntad para mi vida. Si debo atravesar esta tormenta, ¿me acompañarás en cada paso del camino? En ti encuentra descanso y paz mi corazón, cualesquiera que sean las circunstancias externas. Te amo, Señor. Amén.

¿No habría sido asombroso presenciar cómo calmó Jesús la tormenta desde el barco, aquel día? ¿Qué tormentas ha calmado Él en tu vida?

Y levantándose, reprendió al viento,
y dijo al mar: "Calla, enmudece". Y cesó
el viento, y se hizo grande bonanza.
MARCOS 4:39

Ven a Jesús

Vengo a ti, Señor Jesús. Ese es el primer paso. Vengo ante ti ahora, en este momento de tranquilidad. Calma mi espíritu al comenzar este nuevo día. Hay trabajo por hacer hoy. Pero puedo hallar descanso en ti, incluso mientras trabajo. Alivia la tensión y el estrés en mí, Señor, como solo tú puedes hacerlo. Gracias por la sensación de paz. Amén.

¿Sientes en algunas ocasiones que no puedes llevar la carga que se te ha dado? Entrégasela a Jesús. No cargues con aquello que no tienes por qué llevar.

Venid a mí todos los que estáis trabajados y cargados, y yo os haré descansar.
MATEO 11:28

Relajación

Gracias, Dios, por el regalo de la relajación. Es tan agradable sentarse en un patio en primavera, o frente al fuego en invierno, y disfrutar de una buena comida con los amigos o con la familia. Resulta relajante para mi mente, para mi corazón y para mi espíritu. Ayúdame a apartar tiempo para tener comunión con los demás y para relajarme. Gracias por esta bendición. Amén.

Jesús comió y bebió con sus discípulos. Visitó los hogares de todo tipo de personas, y disfrutó comiendo con ellos. Así como Jesús fue el modelo de servicio, también demostró la relajación.

No hay cosa mejor para el hombre, sino que coma y beba, y que su alma se alegre en su trabajo. También he visto que esto es de la mano de Dios. Porque ¿quién comerá, y quién se cuidará, mejor que yo?

Eclesiastés 2:24-25

Encontrar el equilibrio

Jesús, cuando pienso en tu ministerio aquí en la tierra, te imagino enseñando o expulsando demonios. Alimentaste a los cinco mil, y conversaste con la mujer junto al pozo. ¡Levantaste a Lázaro de entre los muertos! ¡Qué frenesí de actividad! Pero entonces leo que dormiste..., y que fue durante una tormenta que estaba atemorizando a tus amigos. Si tú descansaste, yo también debería hacerlo. Dejaré a un lado mi trabajo cuando sea adecuado descansar. Amén.

Algunas personas no hacen otra cosa que trabajar. Otras son perezosas. Jesús desea una vida equilibrada para ti. El trabajo y el juego son buenos para ti. Establece un equilibrio entre ambas cosas.

Y he aquí que se levantó en el mar una tempestad tan grande que las olas cubrían la barca; pero él dormía.

MATEO 8:24

Sueño apacible

Padre, gracias por el sentimiento reconfortante que aporta el sueño. Sé que tu deseo es que descanse después de trabajar todo el día. No temeré a la oscuridad de la noche. No tengo nada que temer porque tú me vigilas. Gracias por ese dulce sueño apacible. Dame energía para las tareas que me ocupan conforme avanza mi día. Y te pido que, cuando llegue la noche, me vuelvas a dar descanso. Amén.

Haz que tu última actividad del día sea una conversación con Dios. Hablar con tu Padre celestial y echar sobre Él tus preocupaciones, te ayudará a descansar tranquila durante la noche.

Cuando te acuestes, no tendrás temor,
sino que te acostarás, y tu sueño será grato.
Proverbios 3:24

Paciencia en un mundo ajetreado

Padre, la paciencia no es fácil. ¡Este es un mundo ajetreado, acelerado, en el que existo! Paso por las ventanillas de los restaurantes de comida rápida, y me entregan comida caliente en pocos minutos. Los cajeros automáticos me proporcionan dinero en efectivo en un instante. En esta era moderna, no son muchas las cosas por las que tenga que esperar demasiado. Sin embargo, me doy cuenta de que algunas de las cosas que más importan requieren gran paciencia. Enséñame a esperar con gracia. Amén.

Si estás esperando algo que deseas, confía en Dios. La Biblia promete que no negará ninguna dádiva buena y perfecta a sus hijos.

También os rogamos, hermanos, que amonestéis a los ociosos, que alentéis a los de poco ánimo, que sostengáis a los débiles, que seáis pacientes para con todos.

1 Tesalonicenses 5:14

Esperar el regreso de Cristo

Señor Jesús, los noticiarios de la noche están llenos de tristeza. Hay veces en las que me pregunto por qué estás esperando. ¿Por qué no vuelves por tu pueblo? ¿Por qué no nos llevas de este mundo lleno de pecado y de dolor? Sé que existe un lugar mejor, otra vida que nos aguarda en el cielo. Dame paciencia. Nadie sabe qué día regresarás. Haz que mis ojos se fijen en ti mientras espero. Amén.

Los medios parecen enfocarse en informar lo negativo. Intenta escribir un "diario de agradecimiento" cada mañana mientras comienzas tu día. ¿Por qué estás agradecida?

Por tanto, hermanos, tened paciencia hasta la venida del Señor. Mirad cómo el labrador espera el precioso fruto de la tierra, aguardando con paciencia hasta que reciba la lluvia temprana y la tardía. Tened también vosotros paciencia, y afirmad vuestros corazones; porque la venida del Señor se acerca.

Santiago 5:7-8

Tarda para hablar

Padre, a menudo soy lo contrario de lo que Santiago aconseja en estos versículos. Me veo siendo demasiado rápida para hablar y tarda para escuchar. Hago suposiciones y después me doy cuenta de que estaba equivocada. Digo cosas y más tarde desearía haber contado antes con todos los hechos. Señor, admito que no es una tarea fácil ser paciente con los que me rodean. Te ruego que pongas guardia a mi lengua. Amén.

El primer paso para cambiar es admitir que existe un problema. Si quieres ser la más rápida en escuchar y la más tarda en hablar, admite que es duro... y después intenta hacerlo mejor. Dios bendecirá tus esfuerzos.

Por esto, mis amados hermanos, todo hombre sea pronto para oír, tardo para hablar, tardo para airarse; porque la ira del hombre no obra la justicia de Dios.

Santiago 1:19-20

Paciente, pero no perezosa

Jesús, hay tanto trabajo por hacer. ¡Hay tanta gente que no ha oído aún las buenas nuevas de Cristo! Como pueblo tuyo debemos ocuparnos de la obra del reino, y expandir el evangelio. Nos has encomendado la gran comisión de ir al mundo y hablarles a los demás. ¡Pero también debemos ser pacientes en nuestra fe mientras esperamos el momento perfecto de tu segunda venida! Amén.

Hay un tiempo para cada cosa. En Eclesiastés se nos indica que existe un tiempo para trabajar y un tiempo para descansar. Sé paciente, pero no perezosa.

A fin de que no os hagáis perezosos, sino imitadores de aquellos que por la fe y la paciencia heredan las promesas.

Hebreos 6:12

Paciencia con los demás

Padre, hazme cada día un poco más como Jesús. Hazme más sensible al Espíritu Santo cuando me sienta tentada a ser impaciente. Permíteme ser conocida como alguien amable, misericordiosa y humilde. No estoy segura de que los demás usen estos adjetivos cuando me describan. Ayúdame a sostener a mi familia, a mis amigas y a mis compañeras con un espíritu de perdón, así como tú me sostienes. Amén.

Dios te ha perdonado. Perdona tú a los demás. Dios ha sido paciente contigo. Sé tú paciente con los demás.

Vestíos, pues, como escogidos de Dios, santos y amados, de entrañable misericordia, de benignidad, de humildad, de mansedumbre, de paciencia; soportándoos unos a otros, y perdonándoos unos a otros si alguno tuviere queja contra otro. De la manera que Cristo os perdonó, así también hacedlo vosotros.

Colosenses 3:12-13

Tarda en airarse

Señor, el espíritu de insatisfacción se expande rápidamente, igual que un virus. Puede infectar a todo el que se acerca. En tu Palabra me adviertes sobre ello. Quieres que tu pueblo sea tardo en airarse. Ayúdame a ser consciente del impacto de mi actitud y de mis reacciones sobre los que están dentro de mi ámbito de influencia. De verdad quiero ser pacífica, y no alguien a quien se la conoce por causar problemas. Amén.

Jesús expresó ira durante su ministerio en la tierra, pero si estudias la Biblia verás que siempre fue una ira piadosa por las ofensas al Padre.

El hombre iracundo promueve contiendas;
mas el que tarda en airarse apacigua la rencilla.
Proverbios 15:18

Seguir el ejemplo de Cristo

Señor, siempre estás ahí, y eres sistemáticamente paciente conmigo. ¿Qué ocurriría si no fuese así? ¿Qué pasaría si alcanzaras tu límite, y me mostraras la ira que merezco en mi imperfección pecadora? Por tu gran paciencia conmigo, permíteme no cansarme de ser paciente. Permíteme ser un modelo de lo que me has mostrado con tu ejemplo. Gracias, Dios, por tu gran paciencia conmigo. Amén.

Jesús es un buen modelo de cualquier cosa que nos pide. Conoce al Salvador a través de la oración y de la lectura de su Palabra, y los rasgos de su carácter llegarán a reflejarse en ti.

No nos cansemos, pues,
de hacer bien; porque a su tiempo
segaremos, si no desmayamos.
GÁLATAS 6:9

Renovar mis fuerzas

Padre celestial, me asombra la cantidad de bebidas y de barritas energéticas disponibles hoy día en los supermercados. ¡Si todo el mundo pudiera ver que la fuerza verdadera y la energía auténtica provienen de ti! El ejercicio y la buena alimentación ayudan, sin lugar a dudas. Pero la fuerza interior, esa clase de fuerza que soporta las dificultades y las pruebas de la vida, solo se encuentra en la relación con Cristo. Me siento tan agradecida por tener esta gran fuente de energía. Amén.

La paciencia desarrolla perseverancia. Si quieres terminar bien la carrera, aprende a esperar con paciencia en el Señor.

Pero los que esperan en el Señor renovarán sus fuerzas; se remontarán con alas como las águilas, correrá y no se cansarán; caminarán y no se fatigarán.

Isaías 40:31 LBLA

Paciencia y sabiduría

Padre, parece ser que la paciencia y la sabiduría van de la mano. Estoy empezando a determinar que las personas más sabias que conozco también son las más pacientes. Te buscan en cada prueba. Muestran los rasgos de tu carácter. Dame paciencia. Ayúdame a estar quieta ante ti y a buscarte en mi vida. Haz que yo pueda crecer en sabiduría y sea paciente mientras me enseñas y me ensanchas. Amén.

Si quieres ser sabia, lee la Palabra de Dios. Tómate tiempo. Pídele a Dios que te instruya, y que te cambie por medio de su Palabra. La paciencia es la clave de la sabiduría.

Pero la sabiduría que es de lo alto es primeramente pura, después pacífica, amable, benigna, llena de misericordia y de buenos frutos, sin incertidumbre ni hipocresía.

SANTIAGO 3:17

En la fuerza de Cristo

Padre, estoy tan agradecida por la fuerza que poseo como cristiana. No puedo hacer nada por mi cuenta, pero todo lo puedo en Cristo. Resulta consolador saber que la palabra todo incluye las pruebas y las preocupaciones que traigo ante ti en esta mañana, las pongo a tus pies, Señor. Te tomo la Palabra. Todo lo puedo en Cristo, quien vive en mí. Amén.

Reconocer que es Cristo quien te fortalece quita un poco de presión. No puedes hacerlo por ti misma. En su lugar, ¡céntrate en la fuerza que tienes por medio de Él!

Todo lo puedo en Cristo que me fortalece.
Filipenses 4:13

Fuerza para combatir la tentación

Dios, a veces me hundo tan profundamente en la tentación que olvido tu promesa. Has afirmado que siempre existe una salida, una vía de escape. Has prometido en tu Palabra que nada es lo bastante fuerte como para separarme de tu amor. Fija mis ojos en la vía de escape. Te ruego que me libres de la tentación. Amén.

Cualquiera que sea la tentación que llegue a tu corazón, Jesús es más fuerte. Él está contigo, nunca en tu contra. Ha provisto una señal de salida. Huye de la tentación del pecado.

No os ha sobrevenido ninguna tentación que no sea humana; pero fiel es Dios, que no os dejará ser tentados más de lo que podéis resistir, sino que dará también juntamente con la tentación la salida, para que podáis soportar.

1 Corintios 10:13

Mi fuente de fuerza

Padre, a veces me preocupo mucho por lo que los demás piensan de mí. Incluso cuando tengo un pequeño desacuerdo con una compañera de trabajo, temo no gustarle más a esa persona. Me preocupo por no haber estado a la altura de lo que se esperaba de mí. Padre, recuérdame que debo buscar mis fuerzas supremas y mi valor en ti y solo en ti. Amén.

Recuerda que tu posición ante Dios ha sido establecida a través de Cristo. Es segura. Dios te ve como su hija preciosa. Halla fuerza en esto.

Y David estaba muy angustiado, porque la gente hablaba de apedrearlo, pues todo el pueblo estaba amargado, cada uno por sus hijos y por sus hijas. Mas David se fortaleció en el Señor su Dios.

1 Samuel 30:6 LBLA

Dios está conmigo

Padre celestial, al encontrarme contigo esta mañana, encuentro una gran fuerza al saber que nunca me dejarás. Irás conmigo adondequiera que vaya. No solo estás a mi lado, sino que habitas en mi corazón. No debo tener miedo jamás. El Señor Todopoderoso, el Creador de los cielos y de la tierra, está conmigo. Padre, gracias por la fuerza que hallo en ti. Amén.

Cuando la vida te arroje una bola difícil y te sientes confundida, recuerda que Dios sigue contigo. Nunca te dejará ni te abandonará.

Mi mandato es: ¡Sé fuerte y valiente! No tengas miedo ni te desanimes, porque el Señor tu Dios está contigo dondequiera que vayas!

Josué 1:9 NTV

Una fe que mueve montañas

Jesús, no puedo imaginar que algo que yo pudiera hacer se pudiera comparar a tus obras. Pero cuando estuviste en la tierra enseñaste que existe una gran fuerza en la fe. En más de una ocasión les indicaste a tus seguidores que podrían hacer grandes cosas, incluso mayores que las que tú habías hecho. ¿La fuente? La fe. Dame ese tipo de fe, Señor. ¡El tipo de fe que mueve montañas! Amén.

Es posible que algunos días tu fe parezca pequeña. Jesús afirmó que hay gran poder incluso en la fe del tamaño de un grano de mostaza.

Respondiendo Jesús, les dijo: De cierto os digo, que si tuviereis fe, y no dudareis, no sólo haréis esto de la higuera, sino que si a este monte dijereis: Quítate y échate en el mar, será hecho.

Mateo 21:21

No temas mal alguno

Dios, ¡qué maravilloso es que la muerte no tenga poder sobre el cristiano! Eres un Dios fuerte y poderoso, el único Dios verdadero. Estás conmigo, y me proteges hasta el final. Y cuando llegue al término de esta vida, cuandoquiera que sea, caminarás conmigo por el valle de sombra de muerte. ¡La muerte ha perdido su aguijón, porque Cristo la ha vencido! Te lo pido en tu nombre, Amén.

Existe gran fuerza incluso para el creyente en Cristo que se enfrenta a una enfermedad terminal. Todas experimentaremos la muerte física, ¡pero nuestros espíritus vivirán eternamente con Jesús!

Aunque ande en valle de sombra de muerte, no temeré mal alguno, porque tú estarás conmigo; tu vara y tu cayado me infundirán aliento.

Salmos 23:4

Un espíritu de poder

Dios, ¡el espíritu de temor no viene de ti! Es del enemigo. Escojo creer la promesa de tu Palabra respecto a que les has dado a los creyentes un espíritu de poder, de amor y de dominio propio. Afrontaré el día con fuerza. Amaré bien a los demás. Tomaré decisiones sólidas y justas basadas en tu Palabra viva. Reclamo esta promesa. ¡Tú eres mi fuerza! Amén.

Los mensajes que te susurran aquello que *no puedes* hacer son del maligno. Los mensajes de Dios para ti siempre serán con respecto a lo que *puedes* hacer. Por medio de Cristo, eres capaz.

Porque no nos ha dado Dios espíritu de cobardía, sino de poder, de amor y de dominio propio.
2 Timoteo 1:7

Mi fortaleza y mi cántico

Señor, no solo me proporcionas fuerza. Tú ERES mi fuerza. En ti lo puedo hacer todo. A veces lo olvido. Me apoyo en mis propias fuerzas, que nunca son suficientes. Siempre me fallan. Hoy permaneceré centrada en mi fundamento, que es la salvación por medio de Cristo. Hallaré mis fuerzas en el verdadero Dios. Te adoraré con mi vida. Amén.

Cuando los no creyentes te pregunten cómo tienes tanta fortaleza al enfrentarte a las circunstancias difíciles, dale siempre la gloria a Dios. Él es glorificado cuando le das el crédito por tu fuerza.

El Señor es mi fuerza y mi cántico; él es mi salvación. Él es mi Dios, y lo alabaré; es el Dios de mi padre, y lo enalteceré.
Éxodo 15:2

Compartir las buenas nuevas

¿Por qué me resulta tan difícil abrir mi boca y compartir el Evangelio? Dame fuerzas, Señor, para compartir las buenas nuevas de Jesús con los demás. Te ruego que cuando se presente la oportunidad, aunque sea hoy mismo, me des fuerzas para compartir con franqueza. El mundo te necesita. He recibido las buenas nuevas, y es mi responsabilidad expandir la Palabra. Te ruego que me empoderes. En tu nombre, Amén.

La fuerza para compartir el Evangelio con otra persona, debe proceder directamente de Cristo. En ese mismo momento preciso, el Espíritu Santo atraerá a Sí mismo, y de la forma más milagrosa, al nuevo creyente.

Pero el Señor estuvo a mi lado, y me dio fuerzas, para que por mí fuese cumplida la predicación, y que todos los gentiles oyesen. Así fui librado de la boca del león.

2 TIMOTEO 4:17

Él es fuerte

Dios, ¡te ruego que te muestres fuerte en mi momento de necesidad! Necesito tu fuerza hoy. Como reza el cántico "Yo soy débil, pero tú eres fuerte". Me siento tan agradecida hoy por esa excepción. "Pero tú eres fuerte". Me aferraré a ello. Cuando me sienta más débil, cuando no parezca tener forma de enfrentarme al futuro, lo afrontaré con tu fortaleza. Muéstrate fuerte en mi vida. En el nombre de Jesús, Amén.

"Cristo me ama, bien lo sé. Su Palabra dice así. Que los niños son de Él". Los pequeños le pertenecen. Ellos son débiles, pero *Él es fuerte*.

El Señor recorre con su mirada toda la tierra, y está listo para ayudar a quienes le son fieles.
2 Crónicas 16:9 NVI

Él aumenta mis fuerzas

Padre, lo único que he conocido es este cuerpo. Lo único que sé es cansarme. Este cuerpo se debilita a veces. Pero tú eres diferente. Tú nunca te cansas. No duermes ni apartas la mirada. Tus ojos están siempre sobre mi vida. Tu fuerza es consistente y eterna. Renueva mis fuerzas, Señor. Necesito poder físico y espiritual para vivir en este mundo. ¡Gracias por fortalecerme! Amén.

Has sido apartada, porque le perteneces a Dios. Un día tendrás un cuerpo nuevo, uno espiritual, que nunca se volverá a cansar.

Él da esfuerzo al fatigado, y al que no tiene fuerzas, aumenta el vigor. Aun los mancebos se fatigan y se cansan, y los jóvenes tropiezan y vacilan, pero los que esperan en el Señor renovarán sus fuerzas; se remontarán con alas como las águilas, correrán y no se cansarán, caminarán y no se fatigarán.

Isaías 40:29-31 LBLA

Influir en los niños

Señor, que tu Palabra y tus caminos condimenten mis conversaciones. Debo ser sal y luz en el mundo. Haz que pueda serlo realmente para aquellos que me admiran. Sé que hay un gran poder en la influencia. Los niños, que pueden ser pequeños pero rápidos en captar los sentimientos de los adultos, toman nota con facilidad de las actitudes y de las opiniones. Te ruego que la sutileza de mis conversaciones y de mis acciones te honre. Amén.

Seas madre o no, influyes en los niños que hay en tu vida. Los niños necesitan ver a Jesús en ti.

Y estas palabras que yo te mando hoy, estarán sobre tu corazón; y las repetirás a tus hijos, y hablarás de ellas estando en tu casa, y andando por el camino, y al acostarte, y cuando te levantes.

Deuteronomio 6:6-7

Comenzar allí donde estoy

Jesús, ¡das órdenes difíciles! ¿Cómo puedo enseñar a todas las naciones y bautizar a las personas? ¡Oh! ¿Quieres decir que ni siquiera tengo que abandonar mi comunidad? Hay gente alrededor de mí que no te conoce, Señor. Ayúdame a empezar con aquellos que se encuentran en mi círculo de influencia. La empleada del supermercado que parece cansada y afligida... El profesor de la escuela de mi hijo que parece tan perdido... Dame el valor de llegar a ellos. Amén.

Ciertamente, el Señor nos llama a los confines de la tierra, pero está igual de preocupado por el alma de tu vecina. Comienza allí donde estés.

Por tanto, id, y haced discípulos a todas las naciones, bautizándolos en el nombre del Padre, y del Hijo, y del Espíritu Santo.
MATEO 28:19

Influencias insanas

Dios, te ruego que me ayudes a saber cómo mantener el equilibrio entre estar en el mundo, pero no ser de él. Me has bendecido con otras creyentes para que caminen por la vida conmigo, y para que yo reciba consejo de ellas cuando sea necesario. Quiero permanecer fiel a tu Palabra en el modo en que vivo mi vida. Quiero que mis hábitos reflejen mi fe. Te ruego que me alejes del poder de las influencias que no sean sanas para mí. Amén.

Un mal hábito no comienza de la noche a la mañana. A menudo, una serie de tentaciones o de acontecimientos es la que lo forma. Está en guardia contra tales influencias.

No erréis; las malas conversaciones corrompen las buenas costumbres.
1 Corintios 15:33

Integridad

Padre celestial, he oído decir que la integridad consiste en hacer lo correcto cuando nadie está observando. Hazme consciente hoy de la integridad. Cuando me sienta tentada a sobrepasar el límite de velocidad, porque no veo a un agente de policía... Cuando la cajera olvide escanear uno de los artículos más caros de mi carro... Señor, quiero ser una mujer de carácter. Te ruego que me ayudes. Amén.

Nunca te lamentarás de hacer lo que es correcto. Aun cuando pienses que nadie te está viendo, a menudo alguien está observando.

Integridad y rectitud me guarden,
porque en ti he esperado.
Salmos 25:21

Influir en los miembros de la familia

Señor, a veces me desanimo porque ciertos miembros de la familia no parecen estar interesados en los asuntos espirituales. Viven para el mundo y para el momento. Anhelo que mi familia inmediata y extensa conozca a Jesús como su Salvador personal. Dame las palabras que tengo que pronunciar en el momento correcto. Ayúdame a recordar que la forma en la que vivo es un testimonio ante los perdidos respecto a lo grande que eres. Amén.

Aquellos que no conocen a Cristo observarán la forma en la que gestiones la crisis o la decepción. Percibirán la paz subyacente que poseas, y es posible que la quieran para sí.

Porque el marido incrédulo es santificado en la mujer, y la mujer incrédula en el marido; pues de otra manera vuestros hijos serían inmundos, mientras que ahora son santos.

1 Corintios 7:14

Influenciada por la Escritura

Dios, tu Palabra es un gran regalo. A menudo estoy tan ocupada que descuido leerla. Cuando abra tu Palabra esta mañana, utiliza la Escritura para influir en mis acciones y en mis reacciones a lo largo de este día. Ayúdame a elegir un momento y un lugar para leer tu Palabra cada día, pues reflejo aquello en lo que invierto la mayor parte de mi tiempo. ¿Qué podría ser más importante? Gracias por tu Santa Palabra. Amén.

Dios te ama tanto que te ha dado un manual para la vida. Se llama la Biblia. Está llena de sus grandes promesas y, también, de algunas advertencias que los cristianos deberían tomar en cuenta.

Y que desde la niñez has sabido las Sagradas Escrituras, las cuales te pueden hacer sabio para la salvación por la fe que es en Cristo Jesús. Toda la Escritura es inspirada por Dios, y útil para enseñar, para redargüir, para corregir, para instruir en justicia.

2 Timoteo 3:15-16

Reflejar el amor de Dios a los demás

Señor, verdaderamente quiero influir en mi pequeño rincón del mundo para Cristo. A veces puedo relacionarme con la persecución que los héroes de la Biblia experimentaron. Duele cuando alguien te pide de forma sarcástica: "¡Ora por mí!". Ayúdame a recordar que nunca debería avergonzarme de mi fe. Dame un espíritu amable y una dulzura que reflejen tu amor, sin importar las circunstancias. Amén.

A menudo es más fácil seguir la forma de pensar o de actuar de la multitud; sin embargo, hacer elecciones piadosas siembre te será de provecho.

Teniendo buena conciencia, para que en lo que murmuran de vosotros como de malhechores, sean avergonzados los que calumnian vuestra buena conducta en Cristo.

1 Pedro 3:16

Protección de la tentación

Padre, hay tentación a mi alrededor. Me resulta fácil rechazar algunas de ellas. Pero hay maneras sutiles en las que Satanás también me tienta. La película que no es adecuada... pero que todas mis amigas van a ir a ver. El estilo más nuevo que es lindo y divertido... aunque un tanto provocativo para una mujer cristiana. Señor, mantén mi corazón enfocado en ti. Protege mi corazón de las influencias de este mundo. Amén.

El escritor de Proverbios tenía razón en esto. No juegues con fuego, ¡o te quemarás! Cuidado: muchas de las tentaciones de Satanás en nuestra vida son sutiles.

¿Tomará el hombre fuego en su seno
sin que sus vestidos ardan?
Proverbios 6:27

Amigas cristianas

Gracias, Señor, por las amigas cristianas. Me ayudan a ser fiel a ti. Me vuelven a dirigir hacia ti cuando me desvío. Me animo cuando veo la forma en la que afrontan los problemas y cómo las oigo hablar de tu firmeza en sus vidas. No hay nada como una hermana en el Señor que se acerca y dice: "Recorramos juntas la vida". Padre, gracias por la influencia de mis amigas creyentes en mi vida. Amén.

Como cristianas, estamos en el mundo, pero no pertenecemos a él. ¡Alcanza sin lugar a dudas a quienes no conocen a Jesús! Pero aquellas que afecten a tu vida deberían caminar con Cristo.

El que anda con sabios, sabio será; mas el que se junta con necios será quebrantado.

Proverbios 13:20

Seria advertencia

Dondequiera que pongo mis ojos, mi sociedad afirma estar bien. El sexo antes y fuera del matrimonio. Tú nos adviertes que este tipo de pecado es de naturaleza grave. Lo que hacemos con nuestros cuerpos permanece en nuestros corazones y en nuestras mentes por mucho tiempo. Protégeme de las influencias en mi vida que afirman que estas cosas son permisibles, cuando tu palabra afirma claramente que no son buenas para mí. Amén.

La Biblia no solo advierte que los hombres y las mujeres deben evitar la fornicación. ¡Dice que huyan de ella! Esta es la advertencia seria de un Dios serio.

Huid de la fornicación. Cualquier otro pecado que el hombre cometa, está fuera del cuerpo; mas el que fornica, contra su propio cuerpo peca.

1 Corintios 6:18

¿Qué está antes que Dios?

¿Las imágenes talladas? ¿Los ídolos? ¿Otros dioses? ¡Señor, yo no lucho con esto! ¡Tú eres mi Dios! Sin embargo, si lo vuelvo a pensar... sí lo hago. Mis ídolos no se parecen a los del Antiguo Testamento. Pero los tengo. ¿Cómo gasto mi tiempo? ¿Mi dinero? ¿Qué me devastaría si me lo quitasen? Ni siquiera una relación ni mis propios hijos deberían estar por delante de ti. Y, desde luego, ni las compras ni los últimos artilugios. Amén.

¿Qué consume la mayor parte de tu tiempo y de tu atención? No permitas que nada se interponga entre tú y el Señor. Él quiere ser el número uno en tu vida.

No te inclines delante de ellos ni los adores. Yo, el Señor tu Dios, soy un Dios celoso. Cuando los padres son malvados y me odian, yo castigo a sus hijos hasta la tercera y cuarta generación.

Éxodo 20:5 NVI

Confianza en el Señor

Señor, lo admito. A veces tengo miedo. Me siento desesperanzada. Mi mente se descontrola con la angustia. Gracias por la promesa de que, por medio de Cristo, esta no es mi norma. Por supuesto, en mi humanidad suelo acobardarme a veces ante un futuro desconocido o me siento derrotada por las presiones de hoy. Pero tú me has dado un espíritu de poder y de amor. Me has proporcionado dominio propio. Dios, en ti encuentro mi confianza. Amén.

Tu Padre celestial ha puesto su Espíritu Santo en ti para consolarte y guiarte. Ruégale que lo haga hoy. Él acudirá... ¡cada vez!

Porque no nos ha dado Dios espíritu de cobardía, sino de poder, de amor y de dominio propio.
2 Timoteo 1:7

Dios me conoce

Dios, la Biblia afirma que tú me conocías incluso antes de que yo fuera formada en el vientre de mi madre. Esto me produce confianza. ¡Has estado conmigo a lo largo de todo este viaje! Al enfrentarme a este día, ayúdame a recordar que nunca estoy sola. Vas delante mí para preparar el futuro. Caminas conmigo en el presente. Y estuviste ahí, conmigo, desde antes de que yo naciera. ¡Uau! Amén.

Cuando una niña se sube a los hombros de su padre, ¡se siente la reina del mundo! ¡Encuentra seguridad en el hecho de que el Dios del universo te lleva hoy en sus brazos!

Porque tú formaste mis entrañas; tú me hiciste en el vientre de mi madre. Te alabaré; porque formidables, maravillosas son tus obras; estoy maravillado, y mi alma lo sabe muy bien.

Salmos 139:13-14

Adoptar una postura

¡No existe nada en este mundo que me pueda separar de tu amor! Padre, ¡qué fuerza encuentro en esta promesa! Me mantengo firme como cristiana. A veces, nadie está de acuerdo con la postura que adopto ni con las decisiones que tomo. En ocasiones, se diría que todo el mundo está del otro lado! Gracias por estar siempre conmigo. Amén.

En la Biblia leemos sobre grandes hombres y mujeres de Dios que adoptaron una postura por Cristo. En ocasiones nadie más los apoyó. ¡Pero Dios estaba con ellos!

Aunque un ejército acampe contra mí,
no temerá mi corazón; aunque contra mí
se levante guerra, yo estaré confiado.
SALMOS 27:3

Afrontar el futuro

Señor, gracias por no tener que preocuparme del mañana. Puedo afrontar un futuro incierto con un Dios cierto a mi lado. ¡Tú eres toda la seguridad que necesito! Nunca me has dejado, y nunca lo harás. El mañana puede traer un diagnóstico aterrador, una pérdida impensable o una gran decepción. Pero siempre estarás ahí sosteniendo mi mano. Me cuidas en cada tormenta. Señor, te amo. Amén.

¡Las que se preocupan del futuro se pierden el gozo del hoy! Que tu amoroso Padre celestial gestione lo que está aún por venir. ¡Vive, ama y ríe hoy!

Así que, no os afanéis por el día de mañana,
porque el día de mañana traerá su afán.
Basta a cada día su propio mal.
Mateo 6:34

Esperanza en Cristo

Padre celestial, no existe lugar alguno como el hogar. Tú eres mi hogar. Encuentro refugio en ti dondequiera que voy, haga lo que haga. Ahora vengo ante ti humillada, y reconozco que tú eres el Dios todopoderoso del universo. Y, aun así, puedo llamarte Abba Padre, mi Papi, mi Protector. Permíteme afrontar este día con confianza, como una hija del Rey. Amén.

Dios desea una relación cercana e íntima con sus hijos. Está ahí para escuchar y guiar. Permítele ser tu refugio del mundo.

En el temor del Señor hay confianza segura, y a los hijos dará refugio.

Proverbios 14:26 LBLA

Mi ayuda está en el Señor

Señor, te doy las gracias por todos los líderes y las autoridades en mi vida. Te doy las gracias por los líderes de mi país, de mi estado y de mi ciudad. En esta mañana oro por aquellos que ostentan posiciones de poder. Oro para que puedan volverse a ti y sean dirigidos por ti, igual que ellos dirigen a los demás. Mi confianza suprema tan solo está en ti, el Dios Soberano. Tú eres mi esperanza. En el nombre de Jesús, Amén.

Como hija de Dios, ten confianza en que su mano te protegerá, independientemente de las decisiones de los líderes terrenales.

No confiéis en los príncipes, ni en hijo de hombre, porque no hay en él salvación.
SALMOS 146:3

Dios oye mis oraciones

Señor, los dioses de otras religiones no son accesibles. Sus súbditos se postran ante ellos angustiados, esperando hallar favor a sus ojos. Estos dioses no son reales. Tú eres el único Dios verdadero y vivo, un amoroso Padre celestial. Me encanta que tu Palabra afirme que puedo venir anti ti con confianza. Oyes mis oraciones. Conoces mi corazón. Gracias, Padre. Habla a mi corazón cuando medite ahora en tu Palabra. Amén.

Dios te ama tanto que te ha adoptado en el seno de su familia por medio de Jesús. Preséntate ante Él con la seguridad de que eres una hija amada.

Y esta es la confianza que tenemos en él, que si pedimos alguna cosa conforme a su voluntad, él nos oye.

1 JUAN 5:14

Evitar la confianza excesiva

Dios, es fácil juzgar a los demás. Es más difícil echar un buen vistazo a mi propia vida. Me sorprendo pensando, yo nunca, o ¿cómo pudo? ¡Qué pensamientos tan peligrosos! Allí donde más segura estoy de que no fallaré nunca, sencillamente podría hacerlo. Tu discípulo Pedro estaba tan seguro de que no te traicionaría y, sin embargo... fíjate en lo que sucedió. "Pero por la gracia de Dios soy lo que soy". Este debería ser mi lema. Amén.

Todas somos pecadoras y estamos destituidas de la gracia de Dios. Pídele al Señor que te proteja y que te mantenga alerta de las tentaciones del diablo.

Así que, el que piensa estar firme,
mire que no caiga.
1 Corintios 10:12

Más como Jesús

Señor, en ocasiones me siento tan inadecuada. Fracaso en las cosas que intento hacer bien en mi vida. Me siento como el apóstol Pablo, quien dijo que hacía aquello que intentaba no hacer. Gracias por la promesa de que no has acabado aún conmigo. Tengo la seguridad de que continuarás enseñándome y haciéndome crecer. Te ruego que, cada día que pasa, me hagas más como Jesús. Amén.

Puedes tener la confianza de que Dios está siempre obrando en tu vida, haciéndote más como Jesús, siempre que tú se lo permitas.

Estando persuadido de esto, que el que comenzó en vosotros la buena obra, la perfeccionará hasta el día de Jesucristo.

Filipenses 1:6

Siempre conmigo

Dios, has puesto en mi vida a algunas personas extraordinarias. A veces siento miedo de que algo le ocurra a una de ellas, o de quedarme sola. Señor, recuérdame que tú siempre estás conmigo. Me acompañarás incluso cuando me enfrente a una gran pérdida. No me abandonarás. Ayúdame a disfrutar de cada día con mis seres queridos, y a no temerle al futuro. Amén.

Aunque pierdas a los seres más queridos de tu vida, Dios estará junto a ti. Nunca estás sola.

Sed firmes y valientes, no temáis ni os aterroricéis ante ellos, porque el Señor tu Dios es el que va contigo; no te dejará ni te desamparará.

Deuteronomio 31:6 LBLA

Más que vencedora

Padre, en tu Palabra me dices que soy más que vencedora. Reflexiono sobre estas palabras. ¿Qué quieres decir? Soy más que vencedora. Soy una ganadora. Soy una hija escogida del Dios Todopoderoso. Soy victoriosa. Un día te veré. Tengo una vida abundante y eterna. Soy más que vencedora. Padre, caminaré en tu fuerza. Amén.

Dios no solo quiere que su pueblo sobreviva. Quiere que lideremos vidas abundantes que encuentran gozo. ¡Nos define como más que vencedoras!

Antes, en todas estas cosas somos más que vencedores por medio de aquel que nos amó.
Romanos 8:37

Sabiduría de Dios

Padre, el mundo no tiene sabiduría que ofrecerme. La verdadera sabiduría solo proviene de ti. Ayúdame hoy a caminar como una hija sabia del soberano Rey de reyes. Aléjame de la tentación de escuchar lo que el mundo llama sabiduría. Existe un remanente de tu pueblo aún en momentos como este. Se nos conocerá por nuestro amor y por la sabiduría que poseemos. Amén.

Los caminos del mundo no son los caminos del Padre. Busca a Dios. Encuentra la sabiduría verdadera.

Mirad, pues, con diligencia cómo andéis, no como necios sino como sabios, aprovechando bien el tiempo, porque los días son malos.
Efesios 5:15-16

Sabio consejo

Señor, ayúdame a saber cuándo necesito buscar consejo en los demás. No quiero ir por mi cuenta, como he hecho algunas veces en el pasado. Quiero caminar en tus caminos y en tu voluntad. Todos necesitamos ayuda a veces. Guíame hacia alguien que esté fundado en tu Palabra para que cualquier consejo que reciba sea verdad. Te ruego me des sabiduría. Amén.

Las creyentes más jóvenes deberían buscar consejo en aquellas que llevan más tiempo siguiendo a Jesús. Dios ha colocado a esas personas en tu vida por alguna razón.

El camino del necio es derecho en su opinión;
mas el que obedece al consejo es sabio.

Proverbios 12:15

Aplicar la enseñanza

Dios, dame oídos para oír. Agudiza mis sentidos y hazme sabia. A menudo soy orgullosa. Creo que lo sé todo. Pero no es así. Necesito que tú me enseñes. Sé que esta se presenta de muchas formas... a través de la lectura de tu Palabra y de la meditación en ella, a través de tu pueblo y a través de las circunstancias. Ayúdame a ser una buena oidora y a aplicar la enseñanza que pones en mi camino. Padre, quiero ser sabia. Amén.

Oír y escuchar son dos cosas diferentes. El creyente verdaderamente sabio aplicará la enseñanza que él o ella reciba. Saber escuchar te vendrá bien.

Escucha el consejo, y recibe la corrección,
para que seas sabio en tu vejez.
PROVERBIOS 19:20

Cuándo permanecer en silencio

Padre celestial, tu Palabra afirma que la lengua tiene gran poder. Mis palabras pueden ayudar o perjudicar. Hay momentos en los que es mejor el silencio. Ayúdame a discernir la diferencia entre los momentos en los que debería hablar y aquellos en los que debería guardar silencio. Te ruego que me des sabiduría para pasar este día. Quiero que mis palabras te honren. Te pido que pongas freno a mis labios. Amén.

Las palabras pueden animar o desanimar. Pueden construir confianza o levantar muros de división. Escoge sabiamente tus palabras. Pídele a Dios que te guíe en esto.

En las muchas palabras no falta pecado;
mas el que refrena sus labios es prudente.
PROVERBIOS 10:19

Una mujer sabia

Dios, los demás me observan como ejemplo. Lo quiera o no soy una líder. Marco el ritmo en casa. Dame gracia y paciencia. Enséñame cómo construir un hogar con un fuerte fundamento en lugar de uno que se colapsa cuando llega la tormenta. Fortalece mi resistencia contra Satanás, que me tienta para discutir y aislarme. En su lugar, haz que sea una pacificadora en mi hogar. Amén.

Dios te ama. ¡Quiere que tu hogar sea un gran éxito! Confía en Él cada día para que te guíe mientras procuras construir tu hogar sobre un sabio fundamento.

La mujer sabia edifica su casa; mas la necia con sus manos la derriba.

Proverbios 14:1

Un espíritu tranquilo

Señor Jesús, en la Biblia leo sobre las veces en que tú has manifestado ira. Fueron pocas y alejadas entre sí. Era una ira justa, un enojo piadoso por las grandes ofensas a tu Padre. Por otra parte, yo a veces tengo mal genio. Quiero ser sabia. Necia es una palabra fuerte. Tu Palabra declara que tener un temperamento fuerte es una necedad. Te ruego que sustituyas mi ira por respuestas apacibles. Amén.

No serás capaz de mantener un espíritu tranquilo con tus propias fuerzas. Con la ayuda de Dios, es posible. Apóyate en sus fuerzas. Él te quiere ayudar.

El necio da rienda suelta a toda su ira,
mas el sabio al fin la sosiega.
PROVERBIOS 29:11

Sabiduría piadosa

Señor, en la actualidad existen tantos libros de autoayuda. Incluso hay terapeutas en televisión que afirman poseer todas las respuestas a nuestros problemas. ¡Eso, por no hablar de las opiniones de mis amigas y mis familiares! En tu Palabra leo que fuiste tú quien puso sabiduría en el corazón de Salomón. Abre mis ojos para que pueda ver. Quiero la sabiduría del Dios Todopoderoso. Te ruego que me concedas sabiduría. Amén.

Cuando manifiestes la sabiduría de Dios, los demás vendrán a ti para que los aconsejes. Tienes que estar preparada para dar una respuesta, para compartir una sabiduría piadosa.

Y todos los reyes de la tierra procuraban ver el rostro de Salomón, para oír la sabiduría que Dios le había dado.

2 Crónicas 9:23

El temor del Señor

Señor, no hay nadie más grande que tú. Me presento ante ti esta mañana como tu hija, y, sin embargo, no debo permitir que el hecho de que seas mi Abba Padre disminuya tu santidad. Tú eres apartado. Tú eres bueno. Eres todo lo que yo no soy en mi humanidad. Me siento humilde, y te reverencio. Que mi temor de Dios sea el comienzo de la sabiduría en mi espíritu. Amén.

Simplemente al tener temor de Dios, honrarlo, y declararlo santo, has comenzado tu camino hacia una gran sabiduría. Hónralo en todo lo que hagas y digas hoy.

Y dijo al hombre: He aquí que el temor del Señor es la sabiduría, y el apartarse del mal, la inteligencia.

Job 28:28

Veredas derechas

El camino derecho es, a menudo, el menos transitado. Padre, estoy aprendiendo esto muy lentamente. Siempre me guiarás por el camino derecho. Nunca me llevarás por un camino equivocado. En muchas ocasiones me he visto ante encrucijadas, y me enfrentaré a este tipo de decisiones una y otra vez. Mantén mi corazón enfocado en ti para que pueda ser guiada por caminos gratos, por veredas que siempre glorificarán a mi Rey. Amén.

Cuando llegues a una bifurcación en la carretera, y no estés segura del camino que debes tomar, detente. Siempre hay tiempo para orar. Dios dirigirá tu corazón.

Por el camino de la sabiduría te he encaminado,
y por veredas derechas te he hecho andar.
PROVERBIOS 4:11

El consejo de Dios es eterno

Señor, desearía que mi corazón estuviera siempre sintonizado con el tuyo. Desearía no haber experimentado tentaciones que me desviaran de tu plan perfecto. Pero la verdad es que lucho. Existe una fuerza dentro de mí que es carnal y humana. A veces me siento empujada hacia la dirección equivocada. Sé que tu consejo es eterno. Es un fundamento fuerte en el que quiero construir mi vida. Te ruego que me fortalezcas. Amén.

Dios entiende que eres humana. El pecado ha sido parte de la ecuación desde la caída, en el jardín del Edén. Pídele fuerza. Él te la proporcionará.

Muchos son los planes en el corazón del hombre, mas el consejo del Señor permanecerá.
PROVERBIOS 19:21

Concédeme sabiduría

Señor, dame sabiduría. Pido sabiduría al único Dios verdadero, al Sabio, al Omnisciente, al Omnipotente. Tú eres quien da todo el conocimiento. Eres el camino, la verdad y la vida. En ti encuentro las respuestas a las preguntas desconcertantes de la vida. Te busco y te encuentro. Te ruego que me instruyas cuando medite en tu Palabra. Te pido estas cosas en el nombre de Jesús, Amén.

Dios quiere darte sabiduría. Él bendijo a Salomón concediéndole gran sabiduría. Te instruirá si tú le buscas. Guarda silencio ante Él... y escucha.

Y Dios dio a Salomón sabiduría y prudencia muy grandes, y anchura de corazón como la arena que está a la orilla del mar. Era mayor la sabiduría de Salomón que la de todos los orientales, y que toda la sabiduría de los egipcios.

1 Reyes 4:29-30

Sublime gracia

Señor, a veces me quedo tan atrapada intentando hacer buenas obras. Necesito recordar que soy salva por gracia. Te complaces conmigo sencillamente porque creo en tu Hijo, Jesús, y le he aceptado como mi Salvador. No me bendices ni me niegas buenos regalos basándote en mi actuación. Recuérdame tu sublime gracia, y dame gracia con los demás. En el nombre de Jesús te lo ruego, Amén.

Como dice el cántico: "Gracia, gracia... gracia de Dios... gracia mayor que todo nuestro pecado...". Descansa en la tranquila seguridad de que eres salva por gracia, por medio de la fe en Cristo Jesús.

Porque por gracia sois salvos por medio de la fe; y esto no de vosotros, pues es don de Dios; no por obras, para que nadie se gloríe.
EFESIOS 2:8-9

Gracia con los demás

Jesús, tú viniste a la tierra para vivir entre nosotros. Eras completamente Dios y, sin embargo, también eras por completo hombre. Como indica el libro de Juan, estabas lleno de gracia y de verdad. Dame un espíritu de gracia y de perdón. Concédeme el discernimiento para ver tu verdad, tu luz, incluso en medio de la oscuridad de este mundo. Gracias, Señor. Amén.

Del mismo modo que Dios ha tenido gracia contigo, tenla tú con los demás. Esto es lo que Él espera de sus hijas. Te llama a perdonar como has sido perdonada.

Y aquel Verbo fue hecho carne, y habitó entre nosotros (y vimos su gloria, gloria como del unigénito del Padre), lleno de gracia y de verdad.

Juan 1:14

Un mensajero de gracia

Señor, hazme una mensajera de gracia y de paz. Permite que, cuando entre a una habitación y salga de ella, mi gracia y paz sean la marca de que he estado allí. Sazona mis conversaciones con estos elementos positivos. Quita toda malicia y habladuría de mis pensamientos y de mis palabras. Ayúdame a ser más como Jesús. Quiero ser pacífica. Deseo que me conozcan por mi gracia. Amén.

El apóstol Pablo comenzaba y terminaba sus cartas ofreciendo una bendición de gracia y de paz. ¿Bendices tú las vidas de los demás con gracia y paz?

Gracia y paz a vosotros, de Dios nuestro Padre y del Señor Jesucristo.

2 Corintios 1:2

Administradoras de gracia

Señor, gracias por los dones que me has dado. Observo a las demás creyentes en mi vida. Todas hemos sido obsequiadas con dones de diferentes formas. Ayúdame a ser una buena administradora de los dones. Me los has confiado en esta vida. Dame oportunidades de utilizar mis capacidades para ministrar a los demás, en lugar de cuidar de mí misma. Entiendo que actuando así es como te honro a ti. Amén.

El mundo sería aburrido si todo el mundo fuera igual. ¿Y qué pasaría si todas tuviéramos los mismos dones y capacidades? En su lugar, trabajamos juntos como un solo cuerpo con muchas partes.

Cada uno según el don que ha recibido, minístrelo a los otros, como buenos administradores de la multiforme gracia de Dios.

1 Pedro 4:10

Favor inmerecido

Jesús, ¡la palabra gracia suena tan dulce! Sin embargo, cuando te veo en esa cruz, sangrando, padeciendo, muriendo crucificado, todo adquiere una nueva profundidad, un nuevo significado. Probaste la muerte por mí. Ocupaste mi lugar. Esa es la gracia de Dios. Es un favor inmerecido. Es inexplicable, insondable y, aun así... es cierto. ¡Oh, Jesús, gracias por tu gracia! Gracias por morir por mí. Viviré por ti. Amén.

Mira fijamente a Jesús, mientras cuelga de la cruz. Esa es la imagen de la gracia. Es la representación de la misericordia y el amor ejemplificado en tu Salvador.

Pero vemos a aquel que fue hecho un poco menor que los ángeles, a Jesús, coronado de gloria y de honra, a causa del padecimiento de la muerte, para que por la gracia de Dios gustase la muerte por todos.

Hebreos 2:9

Bajo la gracia

Padre, soy diferente por la gracia. Tu regalo gratuito de salvación cambia las cosas. Me hace libre. Me da vida, luz y un gozo glorioso que no me pueden robar. No tengo que arrodillarme ante el pecado. No gobernará mi vida. Vivo bajo la gracia de tu hijo, Jesucristo. Elijo vivir para ti y por ti, todos los días de mi vida. Amén.

La ley no fue abolida por la gracia, sino que la gracia nos abrió un camino. Es un puente. Atraviésalo. Confía en ella. Encuentra tu camino al Padre a través de la gracia.

Porque el pecado no se enseñoreará de vosotros; pues no estáis bajo la ley, sino bajo la gracia.
ROMANOS 6:14

La cruz cubre el pecado

Dios, reconozco cada día que este es un mundo caído. Con un solo mordisco al fruto, en el jardín llamado Edén, caímos de la gracia. El pecado entró en el mundo. Fuimos separados de nuestro Creador. Paso de esa escena en el jardín a otro escenario llamado Calvario. ¡Qué contraste! ¡Qué regalo! Es la gracia personificada. Jesús, gracias por tu gracia. Amén.

El pecado de uno acarreó la muerte a toda la humanidad. La muerte de Otro ofrece vida. La cruz de Cristo cubre ese mordisco al fruto prohibido... y cubre tu pecado. Recibe la bendición.

Pues si por la transgresión de uno solo reinó la muerte, mucho más reinarán en vida por uno solo, Jesucristo, los que reciben la abundancia de la gracia y del don de la justicia.

Romanos 5:17

No por obras

No puedo ganar la salvación, ¿verdad, Padre? Esta vida está atiborrada de trabajo y de ganarse las cosas. Con frecuencia, el duro esfuerzo equivale a éxito o a recompensa. Sin embargo, contigo existe el favor inmerecido. Se me ofrece un regalo de salvación que es sencillamente eso, un regalo. ¿Qué tipo de Dios serías si ofrecieras un regalo y pidieras un pago a cambio? Soy salva por la inmensa gracia y solo por gracia. Amén.

Si amontonas todas tus buenas obras, ¿no tendrías también un montón de pecado que presentar ante Dios? Ni un solo pecado puede entrar en su presencia. Somos salvas por gracia, no por obras.

Y si por gracia, ya no es por obras; de otra manera la gracia ya no es gracia. Y si por obras, ya no es gracia; de otra manera la obra ya no es obra.

Romanos 11:6

Gracia desorbitada

Padre, derramaste tu gracia. El regalo de tu Hijo fue desorbitado. Fue de un precio profundo y doloroso para ti y, aun así, lo entregaste con temerario abandono. No lo pensaste dos veces. A menudo soy tacaña con la gracia. La espolvoreo. La ofrezco a gotas o en diminutas muestras. Quiero ser generosa con la gracia. Quiero que esta rebose en mi vida. Te ruego que cambies mi corazón. Amén.

Cuando una creyente comienza a agarrarse de verdad a la gracia de Dios, ofrece gracia de forma más gratuita a los demás. Es una consecuencia natural de la salvación.

Pero la gracia de nuestro Señor fue más abundante con la fe y el amor que es en Cristo Jesús.

1 Timoteo 1:14

Heredera del Rey

Padre celestial, gracias por adoptarme como heredera del Rey de reyes. Me facilitaste un camino para venir ante ti, Dios Santo. Cristo llevó mi pecado como si fuera su propia carga. Mis transgresiones fueron clavadas a la cruz, y han sido perdonadas para siempre, de manera definitiva. Gracias por la abundante vida que es mía porque yo soy tuya. Te alabo por verme a través de unas lentes llamadas gracia. Amén.

Cuando Dios te mira, te ve a través de las "lentes de Jesús". Te ve tan justa y pura, porque su Hijo habita en tu corazón.

Para que, justificados por su gracia, viniésemos a ser herederos conforme a la esperanza de la vida eterna.
Tito 3:7

Amar a mis enemigos

Señor, algunos de tus mandamientos son fáciles de entender, como el de cuidar de las viudas y de los huérfanos. Pero otros van en contra de la naturaleza humana. Resulta más fácil mostrar misericordia con aquellos a los que amo, pero tú nos pides que amemos a nuestros enemigos. Nos mandas que amemos a aquellos que son más difíciles de amar. Padre, dame amor por los indeseables. Quiero tener un corazón que te agrade. Amén.

Dios te ama igual en tu peor día como cuando te encuentras mejor que nunca. Extiende gracia a los demás. Practica la misericordia incondicional.

Porque si amáis a los que os aman, ¿qué recompensa tendréis? ¿No hacen también lo mismo los publicanos? Y si saludáis a vuestros hermanos solamente, ¿qué hacéis de más? ¿No hacen también así los gentiles?

Mateo 5:46-47

Esperanza para el futuro

Señor, no puedo ver el futuro. Solo veo una pieza del puzle a la vez, pero tú ves el producto acabado. Al vivir este día, no temeré porque tú tienes el control. Cuando las cosas parecen desalentadoras, hay esperanza. Mi esperanza está en un Dios soberano quien afirma conocer los planes que tiene para mí. Cuento contigo para que me ayudes a hacerlo. Amén.

Cuando se cierre una puerta en tu vida, recuerda que Dios tiene el control, y que conoce los planes que tiene para ti. Siempre tiene las mejores intenciones para ti.

"Porque yo sé los planes que tengo para vosotros" —declara el Señor— "planes de bienestar y no de calamidad, para daros un futuro y una esperanza".

JEREMÍAS 29:11

Hallar esperanza en la Escritura

Padre celestial, gracias por tu santa Palabra. Las Escrituras, que fueron inspiradas por ti y escritas hace mucho tiempo, permanecen hoy. Te ruego que me llenes de esperanza cuando lea y medite hoy sobre las Escrituras. Consuélame a través de tu Palabra. Alienta mi espíritu. Fortaléceme para las tareas que tengo hoy por delante. E instrúyeme en los caminos por los que quieres que yo vaya. Amén.

La Biblia no es solo un libro antiguo. Está llena de las palabras de enseñanza y consuelo que Dios infundió. Halla hoy esperanza en la Palabra de Dios.

Porque las cosas que se escribieron antes,
para nuestra enseñanza se escribieron,
a fin de que por la paciencia y la consolación
de las Escrituras, tengamos esperanza.

Romanos 15:4

Razón para esperar

Dios, este mundo parece no tener esperanza. Las personas me decepcionan. Solo son seres humanos. Yo también las decepciono a ellas. La vida trae disgustos y rechazos. Te doy las gracias, porque eres fiel y verdadero. No eres como los hombres y las mujeres. Siempre haces lo que afirmas que harás. Eres fiel a tu Palabra. Has declarado que soy tu hija, y que nunca me dejarás. ¡Eres mi esperanza! Amén.

Dios no miente. Hacerlo no forma parte de su carácter. Por tanto, puedes apoyarte en cada promesa de la Biblia. ¡Reclama algunas de ellas hoy!

Dios no es hombre, para que mienta, ni hijo de hombre para que se arrepienta. El dijo, ¿y no hará? Habló, ¿y no lo ejecutará?

Números 23:19

Esperanza en Dios

Padre celestial, tú restauras mi esperanza cuando la pierdo. Cuando estoy deprimida, vuelves a poner una sonrisa en mi rostro. Aunque mis circunstancias no sean tan tranquilas como me gustaría, "aún he de alabarte", como hizo el salmista. Elegiré esperar en Cristo Jesús. Calma mi alma, Padre. Devuelve la salud a mi semblante. Aún te alabaré. Hallaré gozo en tus promesas. Amén.

Jesús comprende que la vida no es fácil. ¡Él mismo vivió aquí en la tierra! Siempre está ahí, preparado para consolarte por medio de su presencia en su Palabra. Halla hoy esperanza en Cristo.

¿Por qué te abates, oh alma mía, y por qué te turbas dentro de mí? Espera en Dios; porque aún he de alabarle, salvación mía y Dios mío.

SALMOS 43:5

Gózate en la esperanza

Señor, me regocijo en la esperanza. Seré paciente en las tribulaciones. Oraré constantemente. Seguiré esta directriz de tu Palabra. Sé que es lo que tú deseas de mí como hija tuya. Quieres que tenga una vida abundante y llena de gozo. Deseas que confíe en ti cuando las pruebas llegan a mi vida. Y deseas mantener una relación íntima conmigo que se alimente por medio de la oración. Amén.

Dios nos llama a gozarnos en la esperanza, a ser pacientes en los momentos de prueba, y a orar en todo tiempo. Pon tus cargas sobre Él. Es un gran Dios.

Gozosos en la esperanza; sufridos en la tribulación; constantes en la oración;

Romanos 12:12

Un testimonio de esperanza

Dios, las personas esperanzadas destacan en un mundo sin esperanza. Cuando los demás noten mi capacidad de afrontar las pruebas sin tirar la toalla, haz que yo pueda darles una razón para ello. Ese motivo eres tú. Sin mi fe yo estaría perdida y sin esperanza alguna. Con ella soy capaz de tener gozo interior incluso en medio de las situaciones duras. ¡Permite que mi vida sea un testimonio de la esperanza que solo se encuentra en Cristo Jesús! Amén.

Debes estar preparada para testificar del poder de Cristo en tu vida, con dulzura y respeto. Jesús es la fuente de esperanza para quienes no la tienen.

Sino santificad a Dios el Señor en vuestros corazones, y estad siempre preparados para presentar defensa con mansedumbre y reverencia ante todo el que os demande razón de la esperanza que hay en vosotros.

1 Pedro 3:15

Lo único que yo necesito

Padre celestial, eres un Dios de esperanza, de gozo y de gran amor. No necesito señales ni milagros. A menudo espero que las personas o las situaciones pasen de la desesperanza a la esperanza. Pero mi esperanza está en ti. No necesito esperar nada más ni buscar otra fuente. Guardo silencio ante ti en esta mañana, y te ruego que renueves la esperanza dentro de mi corazón. Gracias, Padre. Amén.

¿Qué más se podría pedir, sino ser hijo del Dios viviente? ¡Tenemos la promesa de vida abundante y la esperanza de la vida eterna en el cielo!

Y ahora, Señor, ¿qué esperaré?
Mi esperanza está en ti.
SALMOS 39:7

La esperanza del cielo

Dios, ni siquiera puedo imaginar el cielo. Sin embargo, sé que será un lugar glorioso. Sé que allí no habrá más lágrimas. Lo afirmas en tu Palabra. Ni siquiera la adoración más dulce a mi Dios en la que yo participara en esta tierra se puede comparar a la adoración de allí. Padre, ¡te adoraré constantemente! Has preparado un lugar para mí allí. ¡Qué esperanza tengo en ti! Amén.

La muerte no tiene poder sobre el cristiano. A causa de la muerte y de la resurrección de Cristo, la muerte ha perdido su aguijón. Tenemos la esperanza del cielo.

En la casa de mi Padre muchas moradas hay; si así no fuera, yo os lo hubiera dicho; voy, pues, a preparar lugar para vosotros.
JUAN 14:2

El regreso de Jesucristo

Jesús, sé que regresarás. ¡Hallo gran esperanza en las Escrituras, que muestran un anticipo de ese día! No lo sabemos todo al respecto. Ciertamente no podemos predecir cuándo será. Sin embargo, la Biblia nos asegura que volverás. Este mundo es temporal. Un día todo ha de desaparecer. Estoy tan agradecida de saber, sin sombra de duda, que mi Salvador va a regresar. Amén.

¡La Biblia afirma que la segunda venida será como un relámpago que viene del este y que es visible en el oeste! Él volverá de nuevo.

Entonces verán al Hijo del Hombre,
que vendrá en las nubes con gran poder y gloria.
Y entonces enviará sus ángeles, y juntará a sus
escogidos de los cuatro vientos, desde el extremo
de la tierra hasta el extremo del cielo.

Marcos 13:26-27

Amar de hecho y en verdad

Padre, resulta fácil pronunciar las palabras "te amo", pero es más complicado vivirlas. Quieres que tus hijos amen a sus enemigos. Tú nos pides que amemos de hecho y en verdad. Estos son importantes llamamientos que requieren que tu espíritu Santo obre en nosotros. Úsame hoy como vasija de amor en mi pequeño rincón del mundo. Permíteme amar por medio de mis hechos, y no solo con mis palabras. Amén.

Decir "te amo" debería significar algo. Amor es una palabra poderosa. Asegúrate de que tus acciones respaldan aquello que afirmas cuando hablas.

Hijitos míos, no amemos de palabra ni de lengua, sino de hecho y en verdad.
1 Juan 3:18

El amor cubre las faltas

Señor, todos mis pecados fueron clavados a la cruz cuando tu Hijo murió por mí. Sin gracia, no soy nada más que harapos ante un Dios santo. Sin embargo, a través de Cristo, soy adoptada como hija tuya y perdonada. Dios, en esta hija tuya hay orgullo. Orgullo que se resiste al perdón. Orgullo que declara "tengo razón". Recuérdame mis muchos pecados que han sido cubiertos por tu amor, a través de Jesús. Ayúdame a amar también a los demás. Amén.

La falta de perdón casi nunca hiere a la otra persona en la medida que perjudica a aquel que se niega a perdonar. El amor se encuentra en el núcleo central del perdón.

El odio despierta rencillas; pero el amor cubrirá todas las faltas.

PROVERBIOS 10:12

El amor de un amigo verdadero

Dios, estoy agradecida por las amigas que tengo en mi vida, esas que son más bien como familia. Me aceptan como soy y, aun así, me ayudan a crecer. Están ahí en los momentos malos. Se quedan conmigo. Llaman. Aparecen. Escuchan. Alientan. Ese tipo de amigas se pueden contar con los dedos de una mano. Padre, gracias por las amigas que aman en todo tiempo. Haz que yo también sea una amiga así. Amén.

¿Tienes una amiga que está en necesidad? Encuentra la forma de bendecirla hoy. En lugar de preguntar qué puedes hacer, actúa. ¡Significará tanto!

En todo tiempo ama el amigo, y es como un hermano en tiempo de angustia.

Proverbios 17:17

Mejor que la vida

¡Padre, te alabo por quien eres! Tu misericordia excede la de cualquier ser humano. Eres bueno. Eres hermoso. Eres todo lo correcto y verdadero. Todas las cosas toman su forma por ti y a través de ti. Este mundo es tu creación, y tú eliges mantener la Tierra girando sobre su eje. Nos bendices cuando no merecemos bendición. ¡Tu amor es mejor que la vida! Amén.

Piensa en tus mayores deseos. Reflexiona en todos los sueños que tienes para tu futuro. Dios es mayor que cualquier otra cosa. Mantenle en el centro de tu vida.

Porque mejor es tu misericordia que la vida; mis labios te alabarán.

Salmos 63:3

Mostrar que amo a Dios

¿Dios, cómo puedo mostrar que te amo? Tiene que ser más que una mera frase que yo use en la oración. La forma de manifestarlo es cumplir tus mandamientos. Para ello necesito tu fuerza. Fallo a diario. Renueva mi deseo de vivir acorde a tus principios. No son sugerencias. Son mandamientos. Honrarlos hará que te vea obrar en mi vida. Señor, te amo. Amén.

¿Conoces los mandamientos de Dios para tu vida? Se encuentran en su Palabra. Tenemos acceso a ellos en las escrituras. Dios desea que cumplamos los mandamientos que Él ha dado.

El que tiene mis mandamientos, y los guarda, ése es el que me ama; y el que me ama, será amado por mi Padre, y yo le amaré, y me manifestaré a él.

Juan 14:21

Toda yo

Cuando te preguntaron cuál era el mayor mandamiento, no eludiste la pregunta. Respondiste de forma clara, Jesús. Debo amar al Señor mi Dios con todo mi corazón, con toda mi alma, con toda mi mente y con toda mi fuerza. Debo amar a mi Dios con todo mi ser. No debería quedar nada cuando termine, precioso Dios. No les echo ni las migas a los ídolos que anhelan mi atención. Todo es para ti. Amén.

¿Dónde gastas la mayor parte de tu tiempo? ¿De tu dinero? ¿De tu atención? ¿Amas al Señor tu Dios con todo tu corazón, con toda tu alma, con toda tu mente y con todas tus fuerzas?

Jesús le respondió: El primer mandamiento de todos es: Oye, Israel; el Señor nuestro Dios, el Señor uno es. Y amarás al Señor tu Dios con todo tu corazón, y con toda tu alma, y con toda tu mente y con todas tus fuerzas. Este es el principal mandamiento.

MARCOS 12:29-30

Amar a mi prójimo

Jesús, no paraste con el primer mandamiento. El segundo también es fuerte. Me dices que ame a mi prójimo. Pero no te detuviste en esto. Me indicas que ame a mi prójimo como a mí misma. ¡Pero mis prójimos no siempre son fáciles de amar! Aun así, este es tu mandamiento. Me has dado tu Espíritu Santo. Permíteme amar con tu espíritu, porque el mío es defectuoso. Amén.

Piensa quién es tu prójimo. No solo son las personas que viven al lado de tu casa. Tu prójimo incluye a todas las personas de tu vida. Ámalas bien.

Y el segundo es semejante: Amarás a tu prójimo como a ti mismo. No hay otro mandamiento mayor que éstos.

MARCOS 12:31

Solo un Maestro

Padre, existen muchas cosas en este mundo que luchan por mi afecto. ¡Parece que siempre hay un nuevo producto o un estilo sin el que no puedo vivir, según los anuncios! Es fácil quedar atrapada en el materialismo. Padre, guarda mi corazón, e incluso mi lengua. Recuérdame que la palabra amor no debería utilizarse a la ligera. Padre, te amo. Te ruego que seas el Señor de mi vida. Amén.

¿Te sorprendes pronunciando esta palabra, "Amo...", respecto a las últimas modas o a un postre delicioso? Reflexiona en el poder de esas palabras. Resérvalas mejor para las cosas realmente importantes.

Ninguno puede servir a dos señores;
porque o aborrecerá al uno y amará al otro,
o estimará al uno y menospreciará al otro.
No podéis servir a Dios y a las riquezas.
Mateo 6:24

El amor es de Dios

Dios, ¿cómo sabrán los demás que soy cristiana? Lo sabrán por mi amor. Al afrontar este día, dame oportunidades para expresar amor. Puede ser por medio de una palabra amable de aliento, de un acto de amabilidad o incluso de una sonrisa. Pon hoy en mi camino y en mi corazón a aquellas personas que necesitan experimentar tu amor. Úsame como vasija de tu amor. Amén.

Las palabras de una vieja canción lo expresan así: "Y que somos cristianos se verá en nuestro amor...". Sí, todos sabrán que somos cristianos por nuestro amor".

Amados, amémonos unos a otros; porque el amor es de Dios. Todo aquel que ama, es nacido de Dios, y conoce a Dios.

1 JUAN 4:7

Un corazón agradecido

Señor, todo lo bueno de mi vida procede de ti. A menudo olvido darte las gracias. Estoy agradecida por tu provisión y tu protección. Estoy agradecida por mi familia y mis amigas. Y, sobre todo, me siento agradecida por el gozo de mi salvación, que viene por medio de Cristo. Te ruego que me des un corazón agradecido. Haz que siempre recuerde que toda buena dádiva y todo don perfecto vienen de tu mano. Amén.

Un corazón agradecido te llevará muy lejos en la vida. Intenta escribir tres cosas por las que te sientes agradecida al comenzar o al acabar cada día.

Y la paz de Dios gobierne en vuestros corazones, a la que asimismo fuisteis llamados en un solo cuerpo; y sed agradecidos.

Colosenses 3:15

Bendecida por resistir a la tentación

Padre, ayúdame hoy a resistirme a la tentación. Cada día me siento tentada a pecar de diferentes formas. Prepara mi corazón y mi mente para la batalla, mientras yo estoy en silencio ante ti esta mañana. Soy una guerrera en este mundo. Sé que, con tus fuerzas, puedo vencer las tentaciones a las que me enfrento. Gracias por la promesa de que me bendecirás con la corona de vida. Señor, te amo. Amén.

No trates de resistir a la tentación por tu cuenta. Cuando te sientas tentada a pecar, recuerda llevar cautivo todo pensamiento a Cristo.

Bienaventurado el varón que soporta la tentación; porque cuando haya resistido la prueba, recibirá la corona de vida, que Dios ha prometido a los que le aman.

Santiago 1:12

Bendecir a los demás

Las palabras de bendición y de aliento de los demás creyentes significan mucho para mí. Señor, ayúdame a ser generosa en mis bendiciones para aquellos a quienes has situado dentro de mi círculo de influencia. Con frecuencia oro por mis amigas y familiares de forma privada, pero sé cuánto significa para mí que pronuncien una bendición en mi presencia. Ayúdame a bendecir a los demás y a alentarlos a lo largo de sus caminos. Amén.

Cuando alguien se presente ante ti con un problema, pregúntale si puedes orar en ese momento. La Biblia nos afirma que Él está donde hay dos o más reunidos en su nombre.

El Señor te bendiga y te guarde; el Señor haga resplandecer su rostro sobre ti, y tenga de ti misericordia; el Señor alce sobre ti su rostro, y te dé paz.

Números 6:24-26

Bendecida por caminar con Dios

Padre, dame fuerzas para defender aquello en lo que creo, y para no seguir a la multitud. Aunque estoy en el mundo, desde luego, como cristiana, no soy de él. Debo guardar mi corazón y mis pasos en tus caminos. Te ruego que me protejas de los que intenten desviarme. Dios, caminaré contigo, aunque signifique que debo padecer persecución. Amén.

Los que más cerca estén en tu vida, mayor influencia tendrán en ti. Serás bendecida si eliges caminar en el consejo de los piadosos, y no en el de los impíos.

Bienaventurado el varón que no anduvo en consejo de malos, ni estuvo en camino de pecadores, ni en silla de escarnecedores se ha sentado.

Salmos 1:1

Bendecida por guardar la Palabra de Dios

Oír y hacer son dos cosas distintas. Lo veo cuando observo jugar a un niño de dos años. Escucha cómo su madre le niega algo que le puede hacer daño, pero de todos modos se da la vuelta e intenta hacerlo. Dios, a veces me comporto del mismo modo contigo, ¿no es verdad? Leo tu Palabra y la comprendo, pero actúo por mi cuenta. Lo intento sola. Ayúdame a oír tu Palabra... y a guardarla. Amén.

Para digerir de verdad las Escrituras, debes leerlas y pasar tiempo meditando en ellas. Aparta tiempo cada día para dedicarlo a la Palabra de Dios.

Y él dijo: Antes bienaventurados los que oyen la palabra de Dios, y la guardan.
Lucas 11:28

Bendecida en el lamento

Jesús, hablaste al pueblo en la ladera del monte aquel día. ¡Cuánto desearía haberte visto y oído! Pero en la Biblia tengo un testimonio de lo que predicaste. Dijiste que sería consolada en los momentos de lamento. Me llamaste bienaventurada. A veces siento que nadie entiende la profunda pérdida que he experimentado. Gracias por esta promesa. Me muestra cuánto te preocupas. Amén.

Exactamente en nueve declaraciones respecto a la bienaventuranza en su Sermón del Monte, a Cristo le pareció importante dirigirse a aquellos que lloran. Se preocupa por tu dolor.

Bienaventurados los que lloran,
porque ellos recibirán consolación.
Mateo 5:4

Hambre y sed de justicia

Padre, aun teniendo hambre y sed de justicia, a veces me distraigo. En ocasiones te busco con poco entusiasmo. Pero anhelo vivir como tú deseas que viva. Sé que, en Cristo, tú me ves justa. Ayúdame a desear profundamente resistirme al pecado, y a conocerte y glorificarte plenamente en esta vida. Sé que la bendición llega con este tipo de búsqueda de la santidad. Amén.

Busca a Cristo cada día. Búscalo con todo tu corazón. Una relación real, íntima con Él, que vaya en aumento, te conducirá a una forma justa de vivir y a tomar buenas elecciones.

Bienaventurados los que tienen hambre y sed de justicia, porque ellos serán saciados.
Mateo 5:6

Bendecida para la persecución

Padre, nunca he conocido la persecución verdadera. No he sido encarcelada ni amenazada por proclamar a Cristo. Pero hay veces en las que los demás no entienden mis elecciones. Piensan que estoy anticuada. Y eso duele. Gracias por pronunciar una bendición sobre mí cuando me posiciono de tu lado. Si alguna vez me veo perseguida de verdad por mi fe en Cristo, dame fuerzas para soportarlo. Amén.

No pasa nada si la gente no entiende ni respeta las decisiones que tomas basándote en la Palabra de Dios. Él te bendecirá cuando te posiciones.

Bienaventurados sois cuando por mi causa os vituperen y os persigan, y digan toda clase de mal contra vosotros, mintiendo.

Mateo 5:11

Bendecir a los que te hieren

Dios, cuando alguien me hiere no tengo ganas de bendecirlo. Recuérdame que tu Palabra enseña sobre el amor. El amor no guarda registro alguno de las equivocaciones. El amor perdona. Restaura. El amor lo intenta de nuevo. El amor olvida. ¡El amor bendice incluso cuando no me toca a mí bendecir! Dame un espíritu de amor que triunfe sobre el mal. Y permíteme bendecir a aquellos que me hieren. Solo puedo hacerlo con tu poder. Amén.

Resulta fácil dar golpes a diestro y siniestro o alejarse cuando te hieren. Bendecir a alguien que te causa dolor requiere el poder de Cristo en ti.

No devolviendo mal por mal, ni maldición por maldición, sino por el contrario, bendiciendo, sabiendo que fuisteis llamados para que heredaseis bendición.

1 Pedro 3:9

Un recuerdo bendecido

Padre celestial, quiero vivir mi vida de una forma que te honre. Cuando llegue al final de esta vida, quiero que mi recuerdo sea bendecido. Haz que aquellos a los que deje atrás sean guiados más cerca de ti porque me conocieron. Te ruego que me ayudes a tener una visión eterna cada día y que me ayudes a ser una mujer de carácter y de gracia. Amén.

¿Cómo te recordarán? Puedes afectar al mundo por Cristo o vivir para ti misma. Puedes alentar a los demás o los puedes desalentar.

La memoria del justo será bendita;
mas el nombre de los impíos se pudrirá.
Proverbios 10:7

Bendice su nombre

Jesús, solo tú eres digno de toda mi alabanza.
Bendigo tu nombre. Un día te adoraré sin fin,
sin contenerme, sin distracción terrenal.
Te adoraré en el cielo eternamente y para siempre...
con los ángeles y con todo tu pueblo. Por hoy,
iré a tu mundo y elegiré bendecir tu nombre en el
presente. Acepta mi ofrenda de alabanza. Amén.

Adoras a Cristo cuando amas al indeseado, cuando eres generosa con la gracia, y cuando compartes la razón de tu gozo y tu paz. ¡Vive con valentía para Cristo, y bendice su nombre!

Y miré, y oí la voz de muchos ángeles alrededor del trono, y de los seres vivientes, y de los ancianos; y su número era millones de millones, que decían a gran voz: El Cordero que fue inmolado es digno de tomar el poder, las riquezas, la sabiduría, la fortaleza, la honra, la gloria y la alabanza.

Apocalipsis 5:11-12

Confía en Dios

Padre celestial, tus caminos y tu Palabra son perfectos y verdaderos. Dios, confío en ti. Eres mi escudo y mi protector. Leo y memorizo tu Palabra para que, en tiempos de dificultad, acuda a mi mente. ¡Hay tanto poder en tu Palabra! Lucharé por lo que es justo. Confío en que cuidarás de mí todos los días de mi vida. Amén.

¿Dónde has depositado tu confianza? La mayoría de las cosas de esta vida perecen, pero la Palabra del Señor permanecerá para siempre. Deposita tu confianza en el Dios eterno, tu Creador.

El camino de Dios es perfecto;
la palabra del Señor es intachable.
Escudo es Dios a los que en él se refugian.
2 Samuel 22:31 NVI

Sobre todas las cosas

Padre, debo resistir el impulso de poner mi confianza en cualquier cosa que sea de este mundo. Confiaré en el nombre del Señor, mi Dios. No necesito un auto ni una casa lujosos. No importa si tengo muchas amigas o solo unas pocas. Depositaré mi confianza en ti, y tú me llevarás adelante en esta vida. Señor, te amo. Gracias por ser digno de confianza. Amén.

El 15 de abril de 1911, el "insumergible" *Titanic* (que solo llevaba botes salvavidas para aproximadamente la mitad de sus pasajeros) colisionó contra un iceberg, y se hundió en el océano Atlántico norte. Sin lugar a duda, en aquel momento nadie pensó que aquello sucedería. Asegúrate de que tu fundamento es Cristo Jesús.

Estos confían en sus carros de guerra, aquellos confían en sus corceles, pero nosotros confiamos en el nombre del Señor nuestro Dios.

Salmos 20:7 NVI

Dios sabe

Padre, siempre estás velando por nosotros. Estás alerta de todo. Conoces a tus hijos por su nombre. Me encanta el versículo que indica que sabes el número de cabellos que hay en mi cabeza. Y, Señor, porque me conoces tan bien, ves que confío en ti. No temeré a los problemas, porque tú serás mi fortaleza cuando estos lleguen. Amén.

Cuando te encuentres en problemas, ten por seguro que Dios está contigo. Te dará fuerzas para afrontar los días más oscuros si confías en Él.

Bueno es el Señor, una fortaleza en el día de la angustia, y conoce a los que en Él se refugian.
Nahúm 1:7 LBLA

Digno de confianza por los siglos

Señor, ¡son tantos los que vinieron antes que yo y que han confiado en tu nombre! Leo sobre los héroes y las heroínas de la Biblia. Fueron hombres y mujeres extraordinarios a los que usaste de formas extraordinarias. Noé confió en ti cuando le ordenaste que construyera un arca, Abraham confió en ti cuando le pediste que sacrificara a su hijo amado, Isaac. Has demostrado ser digno de confianza. Enséñame a confiar más en ti. Amén.

Pídele a una cristiana mayor que te hable de alguna ocasión en la que Dios la liberara. Él ha sido fiel a sus hijos por los siglos de los siglos. ¡Puedes confiar en Él!

En ti esperaron nuestros padres;
esperaron, y tú los libraste.

Salmos 22:4

Un testimonio

¡Mi vida es un cántico de alabanza para ti, mi padre fiel, dador de la vida! Haz que las personas que oyen mi testimonio de tu bondad puedan llegar a conocerte. Quiero que los demás vean la diferencia en mí, y se pregunten por qué siento tanto gozo, tanta paz. Que pueda dirigirlos hacia ti, Señor, que confíen en ti para salvación. Tú eres el camino, la verdad y la vida. Amén.

¿Se parece tu vida y acaso resuena como un cántico de alabanza para el Padre? ¿Eres un reflejo de su amor para quienes te rodean?

Puso en mi boca un cántico nuevo, un canto de alabanza a nuestro Dios; muchos verán esto, y temerán, y confiarán en el Señor.

Salmos 40:3 LBLA

Confía en sus fuerzas

Señor, a veces soy arrogante. Actúo por mi cuenta y creo que lo tengo todo bajo control. Pero entonces, algo sucede que sacude mi mundo. Me encuentro clamando a ti y esperando que acudas. Siempre apareces. Siempre te acuerdas de mí. Soy tu hija. Ayúdame a confiar en ti antes de desesperarme. Ayúdame a recordar la Fuente de mi fuerza. Amén.

Cuidado con dónde depositas tu confianza. Solo en Cristo somos realmente fuertes.

Porque no confiaré en mi arco,
ni mi espada me salvará.
Salmos 44:6

Un líder que confía en Dios

Ezequías no fue un rey perfecto, Padre. Sin embargo, se le conoció como un dirigente que confió en ti. Así es como yo quiero que me conozcan. Te ruego que me uses como un ejemplo de alguien que confía en ti mientras vivo mi vida en esta tierra. Así es como quiero que me recuerden al final. Esto marca toda la diferencia en el mundo. Amén.

Una creyente verdadera en Dios destaca entre la multitud. Piensa en aquellas a quienes guías. ¿Saben que tu confianza está en el Señor?

Confiaba en el Señor, Dios de Israel. No hubo nadie como él entre todos los reyes de Judá, ni antes ni después de él. Permaneció fiel al Señor en todo y obedeció cuidadosamente todos los mandatos que el Señor le había dado a Moisés.

2 Reyes 18:5-6

En los momentos duros

Señor, confiaré en ti en los días más duros. Cuando las pruebas y las tribulaciones se crucen en mi camino, tiendo a dudar de tu presencia y de tu bondad. Puede parecer que las cosas se descontrolan. Miro hacia arriba, y me pregunto dónde estás en todo esto. Pero estás ahí. Eres mi Dios, eres digno de mi confianza. Y las pruebas me fortalecen. Dan lugar a la paciencia, y la paciencia conduce a la experiencia, y la experiencia a la esperanza. Amén.

Job eligió confiar en el Señor, sin importar las circunstancias externas. Debemos decidir en la luz de que confiaremos en Él en la oscuridad.

He aquí, aunque él me matare,
en él esperaré; no obstante, defenderé
delante de él mis caminos.

Job 13:15

Confía en su guía

Padre, esta mañana vengo ante ti y te alabo. Eres bueno y amoroso. Tienes las mejores intenciones para mí. Toma mi mano, y guíame. Muéstrame el camino a seguir. Permite que me pueda relajar, y confiar en ti, como el niño al que su amoroso padre lleva entre sus brazos. Sé que nunca me llevarás por mal camino. Dios, gracias por esta seguridad. Amén.

Dios caminará contigo todos los días de tu vida. Confía en Él para que te guíe. Quiere enderezar los caminos torcidos ante sus hijos.

Hazme oír por la mañana tu misericordia, porque en ti he confiado; hazme saber el camino por donde ande, porque a ti he elevado mi alma.

Salmos 143:8

Más bienaventurado es dar

Jesús, tú eres el dador supremo. Diste tu vida en la cruz. Ayúdame a dar diariamente, no solo en ocasiones especiales. Dame ojos para ver a las personas que tienen necesidad, ya sean materiales o simplemente mi tiempo. Haz de mí una dadora generosa de todo cuanto me has confiado. Que mis recursos y talentos fluyan libremente en lugar de estancarse al atesorarlos. Amén.

Mejor es dar que recibir. Practica el dar en exceso. Da de más. Da lo mejor. Siempre volverá a ti.

En todo os he enseñado que, trabajando así, se debe ayudar a los necesitados, y recordar las palabras del Señor Jesús, que dijo: Más bienaventurado es dar que recibir.

Hechos 20:35

Dar en el nombre de Jesús

Jesús, hay muchas formas de proclamar tu nombre. Una de ellas es dando. Haz que mi corazón sea misericordioso con los necesitados. Recuérdame que mientras siento que no puedo cambiar el mundo, puedo marcar la diferencia. Tu Palabra señala que incluso el más pequeño gesto de amabilidad cuenta. Te complaces incluso cuando me ves ofreciendo agua a una persona necesitada. Muéstrame oportunidades de servir. Amén.

La historia bíblica del Buen Samaritano es poderosa. Como seguidoras de Cristo, no deberíamos ser meras transeúntes, sino participantes que atienden las necesidades de los necesitados.

Y cualquiera que dé a uno de estos pequeñitos un vaso de agua fría solamente, por cuanto es discípulo, de cierto os digo que no perderá su recompensa.

MATEO 10:42

Dadora alegre

Padre celestial, es un privilegio dar para tu reino. Permíteme dar con gozo, ya sea al rellenar mi cheque del diezmo o empleando mi tiempo y mis talentos en un viaje misionero. He aprendido que tú provees. ¡No puedo "dar más" que mi Dios! ¡Eres demasiado amoroso, demasiado generoso, demasiado grande! Independientemente de las circunstancias, moldea mi corazón para que pueda dar siempre con alegría. Amén.

Cuando des, no pienses en los gastos. En su lugar, fija tus ojos con expectación en lo que Dios hará con el dinero que inviertes en su reino.

Cada uno dé como propuso en su corazón: no con tristeza, ni por necesidad, porque Dios ama al dador alegre.

2 Corintios 9:7

Diezmar

Padre, me dices que te ponga a prueba con mi diezmo. Si doy con generosidad, bendecirás mi casa. Me parece una bendición desbordante. No habrá suficiente espacio para contenerla toda. ¡Imagino las ventanas del cielo abriéndose y derramando, derramando y derramando bendiciones sobre mí! Tú no eres un Dios que salpica bendiciones ni que las da en pequeñas dosis o muestras. Eres un Dador exagerado. Amén.

Si te has acomodado a dar la décima parte de todos tus ingresos, prueba a Dios más allá. Da incluso más. Hay una increíble bendición en darle al Señor.

Traed todo el diezmo al alfolí, para que haya alimento en mi casa; y ponedme ahora a prueba en esto, dice el Señor de los ejércitos, si no os abriré las ventanas del cielo, y derramaré para vosotros bendición hasta que sobreabunde.

MALAQUÍAS 3:10 LBLA

Dar tanto como Yo pueda

Padre, tus mandamientos son justos y buenos. No les pides a los pobres que ofrenden grandes sumas de dinero que les resulta imposible de asumir. Tú pides que demos lo que esté en nuestra mano. Muchas veces podría dar más. Muéstrame cuándo y cómo dar más. Ayúdame a dar lo que esté en mi mano, porque eso es lo que tú esperas de mí, Señor. Nada más, pero, desde luego, nada menos. Amén.

Incluso en los momentos en los que estés corta de dinero, confía en Señor y dale. Te bendecirá por permanecer fiel en tu diezmo.

Cada uno llevará ofrendas, según lo haya bendecido el Señor tu Dios.

Deuteronomio 16:17 NVI

¿Dónde está mi tesoro?

Dios, me has bendecido con buenas cosas. Valoro a mi familia y a mis amigas. Me produce felicidad decorar mi casa y organizar fiestas. Mi trabajo es una gran parte de mi identidad. Disfruto con las compras y con la organización de la ropa nueva. ¡Sienta bien recibir un cumplido de vez en cuando! Pero, ¿dónde está mi tesoro? Si estas cosas comienzan a tomar prioridad sobre ti, sé que mi corazón está en un lugar equivocado. Amén.

Las bendiciones materiales vienen del Señor. Él quiere que disfrutes de ellas. Lo que no quiere es que ellas te controlen ni que se conviertan en aquello que más valoras.

Porque donde esté vuestro tesoro,
allí estará también vuestro corazón.
Mateo 6:21

El regalo supremo

Dios, tú entregaste el regalo supremo. Nos diste a tu único Hijo, a quien tanto amabas. No puedo imaginar cómo debió ser para ti observarlo marchar desde la gloria del cielo y nacer en el pesebre de un humilde establo de Belén. Y, sin embargo, nos lo diste gratuitamente. Enviaste a tu Hijo al mundo por tu gran amor por nosotros. Gracias por el regalo de la salvación por medio de Jesús. Amén.

¿Hay alguien en tu vida que no conozca a Jesús como su Salvador? Comparte a Jesús con esa persona. Háblale a tu amiga del regalo de Jesús.

Porque de tal manera amó Dios al mundo, que ha dado a su Hijo unigénito, para que todo aquel que en él cree, no se pierda, mas tenga vida eterna.

Juan 3:16

Un legado de generosidad

Padre, el salmista declara que nunca ha visto a un justo abandonado ni a sus hijos hambrientos. Esto me inspira. Sé que bendices a aquellos que dan. Quiero dejar un legado de generosidad para mis hijos o para quienes hayan sido influenciados por mi vida. Aquello que me vean practicar respecto a dar afectará sus elecciones. Haz que podamos ser una familia generosa, que siempre busque oportunidades para mostrar misericordia. Amén.

Lo sepas o no, los demás observan tu forma de dar. ¿Eres misericordiosa, y siempre buscas la forma de bendecir a quienes te rodean?

Joven fui, y he envejecido, y no he visto justo desamparado, ni su descendencia que mendigue pan. En todo tiempo tiene misericordia, y presta; y su descendencia es para bendición.

Salmos 37:25-26

Un corazón blando

Cerrar mi mano es lo mismo que endurecer mi corazón. ¡Qué advertencia más poderosa! Padre, quiero tener un corazón blando, un corazón que se conmueva para dar y bendecir a los demás. Protégeme de la avaricia que podría provocar, con tanta facilidad, que aferre mi cartera con más fuerza. Tú esperas mucho más de aquellos a los que más les has dado. Tú esperas que dé sin esperar nada a cambio. Ayúdame a ser una buena administradora de tus bendiciones. Amén.

¿Preferirías pecar de darle a alguien cuya necesidad no es tan grande como pretende mostrar, o de ser egoísta y avariciosa?

Cuando en alguna de las ciudades de la tierra que el Señor tu Dios te da veas a un hermano hebreo pobre, no endurezcas tu corazón ni le cierres tu mano. Antes bien, tiéndele la mano y préstale generosamente lo que necesite.

Deuteronomio 15:7-8 NVI

Todo le pertenece a Dios

Señor, todo cuanto tengo es tuyo. Toda la tierra fue creada por ti. Eres el Dador de todo lo bueno, y la Biblia afirma que nunca negarás ningún buen regalo a tus hijos. Señor, permíteme recordar que todo te pertenece a ti. Yo solo soy una administradora de algunos de tus recursos. Haz que pueda usar los regalos que me has dado para glorificarte. Te lo pido en el nombre de Jesús, Amén.

Cuando le das a Dios, solo le estás devolviendo las grandes bendiciones que Él ha concedido a tu vida.

Así pues, todo el diezmo de la tierra,
de la semilla de la tierra o del fruto del árbol,
es del Señor; es cosa consagrada al Señor.
Levítico 27:30

Un corazón para dar

Jesús, tú ves el corazón del que da. Puedo imaginar cómo afectó a los discípulos cuando declaraste el pequeño regalo de la viuda mayor que cualquier riqueza. Ellos daban de su abundancia. Ella dio todo lo que tenía. Quería formar parte de la obra del reino. Confió en que atenderías sus necesidades. Permite que tenga el corazón de una dadora verdadera. Haz que pueda ofrecer con sacrificio, como hizo la viuda aquel día. Amén.

Si no estás dando hasta que te duela, hasta que te des cuenta de que el balance de tu cuenta bancaria es un poco inferior, es posible que no estés dando lo suficiente.

Y vino una viuda pobre, y echó dos blancas, o sea un cuadrante. Entonces llamando a sus discípulos, les dijo: De cierto os digo que esta viuda pobre echó más que todos los que han echado en el arca; porque todos han echado de lo que les sobra; pero ésta, de su pobreza echó todo lo que tenía, todo su sustento.

MARCOS 12:42-44

Una mujer que teme al Señor

Dios, quiero ser la mujer de Proverbios 31. No debería centrarme en la belleza exterior ni en la ropa o las joyas que uso. En cambio, permite que los demás se den cuenta de que mi corazón te busca siempre. Tan solo deseo que se me conozca como una mujer de Dios. Protégeme de la vanidad. La belleza externa no es duradera, pero la belleza del espíritu sí lo es. Señor, ahora medito en tu Palabra. Quiero honrarte. Amén.

La ropa bonita y el maquillaje no son malos en sí mismos. No obstante, recuerda no es en estas cosas donde radica tu verdadera belleza.

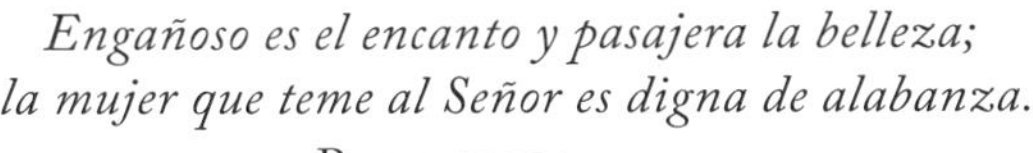

Engañoso es el encanto y pasajera la belleza;
la mujer que teme al Señor es digna de alabanza.
PROVERBIOS 31:30

La belleza del Señor

Señor, haz que mi búsqueda de ti sea lo "único para mí". Que pueda alabarte y servirte en esta vida, que no es más que un campo de entrenamiento para la eternidad. Anhelo el cielo, Padre, donde podré conocer de verdad las profundidades de tu belleza. Vislumbro tu hermosura en tu creación. Un día será totalmente revelada. ¡Qué día tan lindo será! Hasta entonces, sé tú lo "único" para mí. Señor, te amo. Amén.

No eres una sierva en la casa de tu Padre ni una viajera que pernocta un par de noches. Eres una hija del Rey, ¡y puedes morar con Él siempre!

Una cosa he pedido al Señor, y ésa buscaré: que habite yo en la casa del Señor todos los días de mi vida, para contemplar la hermosura del Señor, y para meditar en su templo.

Salmos 27:4 LBLA

Hermosura en la vejez

Padre, a medida que voy envejeciendo, concédeme la sabiduría para ver que hay belleza en la vejez, así como en la juventud. Tú les das fuerza a los jóvenes y, sin duda, esta es necesaria. Deben esforzarse mucho y proteger a sus familias. Incluso algunos sirven en el ejército. Pero tú proporcionas sabiduría a los ancianos. Ganaron sus cabellos grises a través de las lecciones que aprendieron y de las pruebas que superaron. Te ruego que me concedas fuerza y madurez al envejecer. Amén.

Busca la sabiduría y el consejo piadoso cuando encuentres pruebas. Los hombres y mujeres cristianos mayores que tú son una gran fuente de sabiduría.

La gloria de los jóvenes es su fuerza,
y la hermosura de los ancianos es su vejez.
Proverbios 20:29

Hermosos pies

Oh, Señor, imagino tu sonrisa cuando ves a tu pueblo llevar el evangelio de Cristo al mundo. Haz que yo pueda tener unos hermosos pies, ya sea en una aldea al otro lado del mundo o aquí mismo, en mi vecindario u oficina. Que yo pueda llevar el evangelio de Cristo a los demás. Correré, pues, con el mensaje, porque ¡transforma las vidas! ¡Cuán hermosos son los pies de los que traen buenas nuevas! Amén.

Que podamos tener una sensación de urgencia por compartir el evangelio con los perdidos. ¡Todo el cielo se regocija cuando se salva un alma!

Cuán hermosos son sobre los montes los pies del que trae alegres nuevas, del que anuncia la paz, del que trae nuevas del bien, del que publica salvación, del que dice a Sion: ¡Tu Dios reina!

ISAÍAS 52:7

Un espíritu manso y tranquilo

Dios, en tu economía, un espíritu manso y tranquilo es más valioso que el oro. No es corruptible. Es eterno. Dame un espíritu así. Te ruego que me conviertas en una mejor oidora. Coloca un guardia en mi lengua en los momentos en los que no debería hablar. Enséñame a caminar con humildad contigo, Padre, y a servir a las personas en tu nombre. Tú deseas ver en mí un piadoso espíritu de gracia. Amén.

Puedes tener un espíritu tranquilo, independientemente del tipo de personalidad que tengas. Dios desea una amable dulzura en ti como hija suya.

Vuestro atavío no sea el externo de peinados ostentosos, de adornos de oro o de vestidos lujosos, sino el interno, el del corazón, en el incorruptible ornato de un espíritu afable y apacible, que es de grande estima delante de Dios.

1 Pedro 3:3-4

Resplandor

¡Haz que mi rostro pueda reflejar que soy creyente, Padre! Que las personas puedan saber que soy seguidora de Cristo por el gozo que muestra mis ojos. La paz y el gozo son productos básicos del cristiano que se deberían mostrar en sus caras. Señor, yo quiero tener un resplandor así. Haz que no me avergüence nunca de ti. Que esté siempre orgullosa de dar una respuesta por mi gozo. ¡Procede del Rey de reyes! Amén.

Debemos ser sal y luz, sazonar e iluminar. Debemos brillar para el Señor en este mundo. ¿Resplandece tu rostro con el gozo del Señor?

Los que miraron a él fueron alumbrados,
y sus rostros no fueron avergonzados.
Salmos 34:5

Belleza en lugar de ceniza

Amado Dios, solo tú eres capaz de dar belleza en lugar de cenizas. Tú cambias el lamento en gozo. Úsame, a pesar de las decepciones y de las pérdidas que he experimentado. Hoy es un nuevo día. Quiero ser un árbol de justicia que produzca buen fruto, un fruto que te glorifique y que dirija a los demás a tu salvadora presencia. Sustituye mi depresión por contentamiento, y mi tristeza por alabanza. Esta es mi oración hoy, en el nombre de Jesús. Amén.

En tu más profunda tristeza todavía hay esperanza. En tu mayor pérdida, Dios puede proveer un camino para sobrevivir. Él declara que eres más que vencedora por medio de Cristo.

Para conceder que a los que lloran en Sion se les dé diadema en vez de ceniza, aceite de alegría en vez de luto, manto de alabanza en vez de espíritu abatido; para que sean llamados robles de justicia, plantío del Señor, para que Él sea glorificado.

Isaías 61:3 LBLA

Una obra hermosa

Señor, leo sobre la mujer que derramó un frasco de perfume caro sobre tus pies. Los discípulos no lo entendieron, pero tú lo consideraste una obra hermosa. Dame un corazón como el suyo. Ayúdame a arrojar cualquier cosa que posea, cualquier cosa que se interponga en mi camino, para tu gloria. Permíteme usarlo con sabiduría, pero con exceso, para honrar a mi Rey. Señor, te amo. Haz de mi vida una obra hermosa para ti. Amén.

A menudo, lo que otros consideran demasiado arriesgado o extremo es exactamente lo que Dios desea. Sus caminos son caminos que el mundo nunca entenderá.

Al ver esto, los discípulos se enojaron, diciendo: ¿Para qué este desperdicio? Porque esto podía haberse vendido a gran precio, y haberse dado a los pobres. Y entendiéndolo Jesús, les dijo: ¿Por qué molestáis a esta mujer? pues ha hecho conmigo una buena obra.

MATEO 26:8-10

Un gran gozo

Amado Señor, ¡gracias por el gozo de tu salvación! Has tomado mi espíritu oprimido y me has dado un nuevo propósito en tu voluntad. Has tomado mi llanto y lo has convertido en risa. Has tomado mi temor y lo has convertido en deleite. Sé que soy hija de Dios, y que mi valor está en ti. No puedo presumir de mis logros; todo mi gozo proviene de la obra que Cristo ha hecho en mí. Amén.

Hoy, el Señor quiere que busques en lo más profundo de su fuente de salvación, y que con gran gozo saques el balde. ¿Recuerdas cómo te salvó? ¿Cómo te liberó? ¿Recuerdas su gracia? ¿Está tu balde lleno hasta el borde? Si es así, ¡entonces hay algo que celebrar!

Sacaréis con gozo aguas de las fuentes de la salvación.

Isaías 12:3

Gozo eterno

Amado Señor, ¡gracias por la promesa del cielo! ¡Anhelo el día en el que estaré en tu presencia hasta el fin de los tiempos! Qué hermoso será. Mantenme enfocada en el cielo, pero recuérdame estar presente, también, durante mi tiempo en la tierra. Ayúdame a ser una luz para los que me rodean, y a orientarlos siempre hacia ti con mi gozo. Amén.

¿Has reflexionado alguna vez en la eternidad? ¿Por siempre y para siempre? Nuestras mentes finitas no pueden entender el concepto y, sin embargo, comprendemos una cosa de las Escrituras: entraremos en la eternidad en un estado de gozo y de alegría eternos.

Y volverán los rescatados por el Señor, y entrarán en Sion con cantos de alegría, coronados de una alegría eterna. Los alcanzarán la alegría y el regocijo, y se alejarán la tristeza y el gemido.

Isaías 35:10 NVI

Unidos en la fe

Querido Señor, ¡deposito mi esperanza en ti! Eres fiel, y guardas tus promesas. No puedo esperar a estar en tu presencia inmediata, y a estar unida en la fe con todo el cuerpo de creyentes en el cielo. ¡Será un día dichoso, y estoy impaciente por alzar mi voz en alabanza con los santos! Es posible que esté vinculada a esta tierra por el momento, pero continúo anhelando el cielo. Amén.

Cuando piensas en estar ante el Señor, cara a cara, ¿te abruma el temor o te sobrecoge un gran gozo? ¡Oh, qué día glorioso será cuando le oigamos pronunciar estas palabras: "Bien, buena sierva y fiel".

Y su señor le dijo: Bien, buen siervo y fiel; sobre poco has sido fiel, sobre mucho te pondré; entra en el gozo de tu señor.
Mateo 25:21

Gozo completo

Amado Señor, fallo muy a menudo en el cumplimiento de tus mandamientos. Solo pienso en mí y en mis propios apetitos. Recuérdame tus palabras y tus mandamientos. Ayúdame a grabar tu ley en mi corazón, y a someterme a tu voluntad. ¡Gracias por tu amorosa bondad y por tus bendiciones! Haz que mi corazón te desee en todo, y que mi gozo sea más completo. Amén.

Nuestro Dios es mayor que cualquier cosa que podamos preguntar o pensar. Solo Él puede impedir que fracasemos. Por tanto, si estás luchando en el ámbito de la obediencia, rinde tu voluntad. Entra en la gozosa obediencia.

Y a aquel que es poderoso para guardaros sin caída, y presentaros sin mancha delante de su gloria con gran alegría.

Judas 24

Muchas bendiciones

Querido Señor, ¡derramas tus bendiciones sobre mí cada día! Gracias por tu fiel provisión en cada aspecto de mi vida. Cubres mis necesidades y, aun así, tus bendiciones rebosan. No quiero dar nunca tu gracia por sentada. ¡Quiero gritar tu gloria desde lo alto de la montaña! ¡Me has bendecido desmesuradamente! Gracias por multiplicar mis motivos para gozarme. Amén.

¿Cómo alabamos a Dios por sus muchas bendiciones? Dejemos que los demás lo sepan. Con resonante voz, hagamos eco de nuestras alabanzas, y demos gracias por todo lo que Él ha hecho, y por todo lo que Él sigue haciendo. Por tanto, ¡alábale hoy! ¡Canta alegre!

Cantad alegres a Dios,
habitantes de toda la tierra.

SALMOS 100:1

Perdón

Querido Señor, dame la voluntad de perdonar. Ayúdame a dejar atrás mi enojo y mi dolor, y a ofrecer una mano de amistad a aquellos que me han ofendido. Este enojo me roba el gozo. Muéstrame que tu Hijo estuvo dispuesto a morir por los pecados del mundo, y se ofreció en el acto supremo de perdón. Te ruego que yo pueda aprender de su ejemplo, y a difundir gozo y amor en lugar de sembrar disensión. Amén.

Si has estado reteniéndole tu perdón a alguien, ojalá que hoy sea el día en el que lo sueltes. Hay un gozo increíble tanto en perdonar como en *ser* perdonado.

Y perdónanos nuestras deudas, como también nosotros perdonamos a nuestros deudores.
MATEO 6:12

Perdón continuo

Querido Señor, ayúdame a perdonarme.
Conozco el sacrificio que Jesús hizo por mí, y
aun así continúo pecando. La culpa me aleja de
experimentar, realmente, el gozo que me ofreces.
Al aceptar el perdón que se ofrece gratuitamente,
soy más capaz de levantarme y avanzar hacia
el gozo. Gracias por tu perdón continuo y por
ser paciente con mis pies de barro. Amén.

Resulta fácil hartarse de las personas que nos hieren de forma repetida, y a continuación nos piden perdón. Nos cansamos de oírlas prometer que no lo volverán a hacer. Si alguien te ha herido una y otra vez, pídele al Señor que te dé sabiduría en la relación y después, que te conceda la capacidad de perdonar, incluso cuando parezca imposible.

*Entonces se le acercó Pedro y le dijo: Señor,
¿cuántas veces perdonaré a mi hermano que peque
contra mí? ¿Hasta siete? Jesús le dijo: No te digo
hasta siete, sino aun hasta setenta veces siete.*

Mateo 18:21-22

Alabanza contagiosa

Querido Señor, ¡haz que mi entusiasmo por alabarte sea contagioso! Quiero ser luz para todo aquel que se cruce en mi camino. Que el gozo que produce el adorar con otros creyentes, impregne cada aspecto de mi vida. Cuando adore junto a mis hermanos creyentes, recuérdame que aun siendo muy diferentes, todos somos miembros del cuerpo de Cristo y que, por tanto, estamos unidos en nuestro objetivo y en nuestro gozo. Amén.

¿Eres una alabadora secreta? ¿Te sientes feliz al adorar a Dios en la privacidad de tu propia casa, pero te pone nerviosa abrirte y alabarle en público? ¡Oh, que este sea el día en que rompas esa barrera!

Pero a medianoche, orando Pablo y Silas, cantaban himnos a Dios; y los presos los oían.
HECHOS 16:25

Oración guía

Amado Señor, gracias por escuchar siempre mi oración. Dame sabiduría para aceptar tu respuesta, aunque sea un "no". Padre, acepta mi alabanza, ¡tan pobre como es! Ser capaz de hablar contigo es una fuente de gozo continuo. Guíame en tu camino, y ayúdame a buscar siempre tu voluntad. Confío en que mis oraciones son oídas. En todo eres misericordioso. Amén.

El libro de Hechos declara que los primeros creyentes estaban en oración constante, en los buenos y en los malos momentos. Adopta este modelo, tómate un descanso del ruido y pasa algún tiempo con el Padre.

Todos éstos perseveraban unánimes en oración y ruego, con las mujeres, y con María la madre de Jesús, y con sus hermanos.

Hechos 1:14

Ora de forma confidencial

Querido Señor, lamento tratar mis oraciones a menudo como la lista de supermercado. En lugar de que el agradecimiento y el gozo impregnen mi oración, me quedo demasiado absorta en las cosas que quiero. A estas alturas debería saber que satisfaces los deseos de mi corazón. Gracias por tu paciencia y por tu constante presencia en mi vida. Oh Señor, tú eres mi gozo. Amén.

No necesitamos presentarnos ante nuestro Padre celestial con una lista en la mano, sino acercarnos a Él de forma confidencial, y elevar nuestras peticiones con gozo. ¡Al fin y al cabo, Él nos ama! Así que, ¡acércate!

Doy gracias a mi Dios siempre que me acuerdo de vosotros, siempre en todas mis oraciones rogando con gozo por todos vosotros, por vuestra comunión en el evangelio, desde el primer día hasta ahora.

Filipenses 1:3-5

Corazón rebosante

Amado Señor, eres un Dios justo y fiel, ¡y esto es razón para alabar! Acepta mi humilde ofrenda y multiplica mi gozo. Eres el Creador de todas las cosas y, sin embargo, aún te preocupas de los gorriones del campo como yo. Haces rebosar mi corazón de gozo, y no puedo evitar que la alabanza salga a borbotones. Amén.

No permitas que nada te impida acercarte al altar con un cántico de alabanza en tus labios. ¡Permite que el gozo guíe hoy tu camino y que tus alabanzas sean gloriosas!

Entraré al altar de Dios, al Dios de mi alegría y de mi gozo; y te alabaré con arpa, oh Dios, Dios mío.

Salmos 43:4

Guía perfecta

Querido Señor, ayúdame a alcanzar siempre el gozo. Amar a los demás puede ser duro, pero con tu guía, puedo conseguir amarlos como tú me amaste a mí primero. Independientemente de cómo sea mi familia, te pido tu bendición. Sea soltera o tenga una gran familia, recuérdame que cada familia tiene valor. Ayúdanos a seguirte en todo camino, para que el gozo de la salvación impregne cada aspecto de la vida familiar. Amén.

Para obtener un entorno familiar alegre debes tener una mentalidad tipo "cuenco de frutas". ¿Estás tratando con el enojo? Mete la mano en el cuenco y busca paz. ¿Luchas con la impaciencia? Agarra una loncha de longanimidad. ¿Tienes un problema con la depresión? Alcanza el gozo. ¡Mantén cerca ese cuenco de frutas! ¡Te será muy útil!

Mas el fruto del Espíritu es amor, gozo, paz, paciencia, benignidad, bondad, fe.

Gálatas 5:22

Bendiciones de amistad

Querido Señor, ayúdame a ser una persona que anima a sus amistades. Permíteme ser un faro de gozo allá donde vaya, en lugar de sembrar discordia. Pon en mi camino a aquellos a los que pueda ministrar y a los que, a su vez, puedan ministrarme a mí. Quiero beber profundamente de la fuente de la amistad, para poder conocer uno de los mayores gozos que puede proporcionar este mundo. Gracias por este maravilloso regalo. Amén.

La amistad es un privilegio, y somos bendecidas por tener hermanos y hermanas en Cristo. Pero no todas las amistades son fáciles. Pídele hoy al Señor que te muestre cómo "mostrarte amistosa" en cada situación. ¡Oh, el gozo de las grandes relaciones!

El hombre que tiene amigos ha de mostrarse amigo; y amigo hay más unido que un hermano.
PROVERBIOS 18:24

Hermosa creación

Querido Señor, ¡gracias por tu hermosa creación! Nada que el hombre haya hecho se puede medir con la majestad de las montañas, con la delicadeza de la violeta. Ayúdame a ser consciente de lo que tú has hecho. Me quedo tan absorta en este mundo tan competitivo que se me olvida que la riqueza material es momentánea. Recuérdame los placeres de una vida sencilla. El mundo no atará mi gozo. Amén.

Imagina que atraviesas un prado, en una mañana húmeda. El dulce olor del alba flota en el aire. De repente, como una orquesta experta, los cielos comienzan a liberar un inesperado cántico de gozo. Cierras tus ojos, abrumada por la majestuosidad del momento. Las Escrituras nos dicen que los cielos y la tierra están alegres... así que sintonízate hoy con su coro.

Cantad alabanzas, oh cielos, y alégrate,
tierra; y prorrumpid en alabanzas, oh montes;
porque Jehová ha consolado a su pueblo,
y de sus pobres tendrá misericordia.

Isaías 49:13

La receta perfecta

Amado Señor, soy un ser egoísta. En lugar de preocuparme por el bienestar de mi compañero, me envuelvo en mis propios deseos y me olvido de los heridos que me rodean. ¿De qué vale el gozo si no se comparte? Ayúdame a actuar de forma compasiva y a tratar a los demás con la dignidad y el cuidado que merecen. Ayúdame a amar a los demás como tú me amaste primero. Amén.

¿Quieres saber la receta perfecta para la felicidad? Pasa tus días enfocándote en hacer felices a los demás. Si trasladas tu enfoque de ti misma a los demás, consigues dos cosas: pones a los demás primero y siempre buscas las formas de hacerles sonreír. Hay algo que satisface el alma cuando propagas el gozo.

Mucha franqueza tengo con vosotros; mucho me glorío con respecto de vosotros; lleno estoy de consolación; sobreabundo de gozo en todas nuestras tribulaciones.

2 Corintios 7:4

La senda correcta

Querido Señor, ayúdame a combatir el fuerte agarre de la pereza. Muéstrame el valor de tratar cada tarea en cuestión como una oportunidad de alabarte con mi trabajo. No creaste al hombre para ser perezoso. Guíame por el camino correcto, el camino que conduce al gozo, aunque sea el más difícil de transitar. Gracias por confiarme esta tarea. Te ruego que me ayudes a hacerlo bien. Amén.

Imagina que te estás acercando a una bifurcación en la carretera. No estás segura de qué camino seguir. Si supieras de antemano que la carretera de la derecha va a estar llena de gozo y la de la izquierda conduce a la aflicción, ¿no facilitaría esto la decisión? Hoy, cuando te enfrentes a las múltiples decisiones, pídele a Dios que te guíe por la senda correcta.

Porque ¿qué tiene el hombre de todo su trabajo, y de la fatiga de su corazón, con que se afana debajo del sol?

Eclesiastés 2:22

Fe profunda

Amado Señor, estoy ansiosa. Soy débil, pero tú eres fuerte. Ayúdame a permanecer fuerte en tus promesas, y a vestir la armadura de Dios. Eres mi fuerza y mi gozo. Aun cuando las pruebas parezcan difíciles de soportar, sé que estás conmigo. Amén.

Imagina un roble robusto, que haya estado creciendo durante décadas. Sus raíces son profundas. Está anclado. Cuando golpeen las tormentas de la vida, ese árbol permanecerá fuerte. Ahora piensa en tus propias raíces. ¿Son profundas? Cuando las tentaciones golpeen, ¿permanecerás fuerte? Indaga en la Palabra. Recíbela con gozo. Que sea tu fundamento. Plántate y que tus raíces sean profundas.

Los de sobre la piedra son los que, habiendo oído, reciben la palabra con gozo; pero éstos no tienen raíces; creen por algún tiempo, y en el tiempo de la prueba se apartan.

Lucas 8:13

Conclusión

Las misericordias de Dios son nuevas cada mañana, y su santa Palabra está viva. Trae su sabiduría y sus promesas a la luz de forma constante. Recuerda que no existen las palabras "correctas" que un cristiano deba pronunciar para que Dios le oiga. El Señor quiere conocerte íntimamente. Acude ante él en los momentos de gozo y de aflicción. Alábale. Dale gracias. Pídele que te guíe y te bendiga. Derrama tu corazón delante de Él. Él se deleita teniendo comunión contigo. ¡Eres su hija, y te ama con un amor infalible!

Por la misericordia de Jehová no hemos sido consumidos, porque nunca decayeron sus misericordias. Nuevas son cada mañana; grande es tu fidelidad.

LAMENTACIONES 3:22-23